Enseñar a nadar sin miedo

Juan Antonio Moreno Murcia

Enseñar a NADAR sin MIEDO

Cómo superar el temor al medio acuático
y disfrutar del aprendizaje

Madrid - México - Bogotá - Buenos Aires - Santiago - Montevideo - Asunción - Lima - San Pablo

Moreno Murcia, Juan Antonio
    Enseñar a nadar sin miedo : cómo superar el temor al medio acuático y disfrutar del aprendizaje / Juan Antonio Moreno Murcia. - 1a ed. - Ciudad Autónoma de Buenos
Aires : SB, 2025.
    148 p. ; 23 x 16 cm. - (Aidea / Juan Antonio Moreno Murcia ; 3)
    ISBN 978-631-6680-03-7
    1. Natación. 2. Pedagogía. I. Título.
    CDD 306.483

Enseñar a nadar sin miedo. Cómo superar el temor al medio acuático y disfrutar del aprendizaje

1° edición en español, febrero 2025
ISBN 978-631-6680-03-7

España: Calle Azafrán 9 - 28222 Majadahonda - Madrid
    www.editorialsb.com • ventas@editorialsb.com • +34 695 70 03 95
México: Juan José Eguiara y Eguren 7 - 06850 Cuauhtemoc - Ciudad de México
    www.editorialsb.com.mx • ventas@editorialsb.com.mx • +52 55 4925 9309
Argentina: Salta 188, Piso 3 - C1070AAC Ciudad Autónoma de Buenos Aires
    www.editorialsb.com • ventas@editorialsb.com • +54 9 11 3012-7592

Director: Andrés C. Telesca (andres.telesca@editorialsb.com)
Edición: Julieta Mariatti
Corrección: Marjorie Flores

A Axel, por ser
un sueño esperado y querido,
y por enseñarme que el miedo
solo hace más valiosa la travesía.
Gracias por ser una de las luces en
este viaje lleno de amor y aprendizaje.

Índice

PRÓLOGO

Por Robert Strauss

El miedo al agua es una experiencia profundamente personal y, para muchos, una barrera que limita y condiciona, moldeando aspectos de la vida de formas que rara vez comprendemos en su totalidad. Este libro es una exploración profunda de ese temor a la asfixia: sus orígenes, sus efectos y, sobre todo, los caminos para ayudar a otros a superarlo.

Vivimos en un planeta cubierto en su mayoría por agua; sin embargo, para muchos, el agua sigue siendo una fuente de temor. Este miedo puede surgir de traumas pasados o de la incomodidad ante lo desconocido y lo incontrolable de sus profundidades. Acompañar a otros en el proceso de entender y enfrentar estos temores es una labor que, como educadores acuáticos, nos permite abrirles la puerta hacia la libertad, la sanación y una renovada apreciación de la vida.

En estas páginas, Juan Antonio Moreno Murcia comparte historias, ideas y reflexiones de quienes han logrado superar el miedo al agua, mostrando cómo la paciencia, la empatía y una guía compasiva pueden transformar esta experiencia. Descubrirás estrategias y habilidades prácticas para acompañar a tus alumnos en este camino, apoyándolos mientras desarrollan la valentía, la confianza y la resiliencia necesarias para disfrutar del agua. Además, encontrarás consejos prácticos, fundamentos psicológicos y los beneficios emocionales que aguardan a quienes se atreven a enfrentarse a aquello que antes evitaban.

Te invito a leer Enseñar a nadar sin miedo, a sumergirte en estas experiencias y a reflexionar sobre el papel transformador que puedes tener como guía y acompañante en el camino de tus estudiantes. Deja que este libro sea una fuente de inspiración, de conocimiento y de apoyo en tu importante labor de enseñar a nadar sin miedo acompañando a otros en el crecimiento personal.

Introducción

INTRODUCCIÓN

*"Nada en esta vida debe asustarnos, solo debe ser comprendido.
Es tiempo de entender más, para que temamos menos"*

Marie Curie

Aprender a nadar sin miedo es fundamental porque el miedo al medio acuático, si no se aborda adecuadamente, puede convertirse en una barrera que impide el aprendizaje y disfrute de una habilidad vital. El agua, siendo un entorno natural, forma parte de muchas actividades recreativas y deportivas, y también es un escenario en el que pueden surgir situaciones de riesgo. Sin embargo, cuando un niño asocia el entorno acuático con el temor, su capacidad de actuar con seguridad, ante situaciones imprevisibles, en este medio se ve comprometida.

El miedo al agua no solo frena el desarrollo de habilidades acuáticas, sino que también **puede generar ansiedad y rechazo que perduren hasta la adultez,** limitando la relación positiva con el medio acuático. Este temor, si no se aborda, puede llevar a una falta de confianza y a comportamientos peligrosos, como evitar el aprendizaje de la natación o entrar en el agua de manera insegura.

Enseñar a nadar sin miedo es, por tanto, más que enseñar a nadar. Es **construir una base sólida de confianza y seguridad en el agua**, donde el niño aprende a enfrentarse a sus temores, desarrollando no solo habilidades técnicas, sino también una actitud positiva y responsable hacia el medio acuático. Este enfoque no solo protege a los niños de posibles peligros, sino que también le abre la puerta a un mundo de experiencias saludables y placenteras en el agua, promoviendo un desarrollo integral y una relación armónica con el entorno acuático desde las primeras etapas de la vida.

El miedo al medio acuático es una emoción compleja y multifacética que puede surgir en los niños por diversas razones, todas ellas profundamente relacionadas con su desarrollo y primeras experiencias. Aunque el agua es un entorno fascinante, también es un medio extraño para el ser humano, especialmente para un bebé o niño que se enfrenta por primera vez a esta realidad. El agua, con su naturaleza impredecible y su diferencia de temperatura respecto al cuerpo, puede ser percibida como un elemento hostil, generando una reacción natural de rechazo o temor.

El primer contacto de un niño con el agua es determinante, recordemos la primera vez en todo. En este momento, se establecen las bases de su relación con el medio acuático, un error común es "forzar" esta primera experiencia. Muchos padres, con la mejor de las intenciones, empujan a sus hijos a enfrentar el medio acuático de manera abrupta, creyendo que la exposición inmediata disipará sus miedos. Sin embargo, esta práctica puede tener el efecto contrario, intensificando el miedo y creando una resistencia que puede perdurar. Aunque algunos niños superan su rechazo inicial y llegan a disfrutar del agua, ante la posibilidad de que el malestar persista, es fundamental reconsiderar la estrategia de introducción.

El **miedo al medio acuático (a introducir las vías respiratorias, principalmente, bajo el agua) no es innato,** es un comportamiento aprendido, a menudo a partir de experiencias desagradables o de la influencia de los padres (acompañantes). Un niño que observa a sus padres reaccionar con ansiedad o temor en situaciones relacionadas con el agua, como el baño, puede internalizar estos sentimientos y desarrollar su propio miedo. Además, la percepción corporal del niño cambia drásticamente al sumergirse en el agua. Lo que en tierra es claro y definido, en el agua se vuelve difuso y poco familiar, lo que puede generar inseguridad y, por ende, miedo.

Las expresiones de temor, como "me caigo", "no puedo" o "sujétame", son comunes en los primeros encuentros con el agua, reflejando la lucha del niño por adaptarse a un entorno donde su cuerpo y sus movimientos no responden como lo harían en tierra. La coordinación de brazos, piernas y la respiración son desafíos adicionales en este nuevo medio, que puede parecer caótico y desconcertante para un niño que aún está desarrollando sus habilidades motoras.

El equilibrio, un aspecto fundamental de la locomoción en tierra, también se ve alterado en el agua. En tierra, el niño ha aprendido a mantener su equilibrio mediante la base de sustentación y el centro de gravedad. Sin embargo, en el agua, este concepto cambia, y una tensión muscular que en tierra es útil puede volverse un obstáculo, ya que en el medio acuático el equilibrio se logra a través de movimientos específicos y una relajación muscular adecuada.

Durante los primeros años de vida, generalmente entre los 2 y 6 años, los niños comienzan a asistir a clases de natación. Este período es crítico para el desarrollo de su identidad, que son fundamentales para regular la conducta y adaptarse a la realidad. En esta etapa, el desarrollo de los niños es predominantemente físico y sensorial, y la introducción al agua puede ser percibida con fantasías o incluso aspectos mágicos. Por esta razón, es importante que los padres preparen a sus hijos antes de las clases de natación, mostrándoles vídeos o ejemplos positivos de otros niños disfrutando del agua, para que puedan relacionar esta experiencia con algo placentero y seguro.

La identidad emergente de un niño aún no ha desarrollado completamente las capacidades necesarias para manejarse eficazmente en el agua. Estas capacidades incluyen el control de las percepciones, el desarrollo de una inteligencia adaptativa y una motricidad variada que permita al niño utilizar sus recursos de manera efectiva en un entorno acuático.

El desarrollo de la identidad en este proceso depende de tres elementos clave: la confianza, la autonomía y la iniciativa. La confianza se fortalece a través de experiencias regulares y positivas en el agua, junto con el apoyo del educador y la interacción con el grupo. La autonomía se desarrolla a medida que el niño aprende a valerse por sí mismo en el agua, dominando las habilidades acuáticas fundamentales. La iniciativa se manifiesta en la capacidad del niño para aceptar y enfrentar las tareas que le presenta el educador.

Entender que la introducción al agua implica confrontar al niño con experiencias totalmente nuevas es fundamental. **Estas experiencias generan sensaciones**

y vivencias inéditas que su identidad no puede asimilar rápidamente, lo que puede impedirle desplegar las conductas más eficaces para desenvolverse con éxito en el medio acuático. La adaptación al medio acuático es la fase inicial y más crítica de todas las actividades acuáticas que el niño emprenderá. La **ansiedad que muchos niños sienten al acercarse al medio acuático es una señal de alarma ante lo desconocido y se intensifica cuanto más inmaduras son sus habilidades de autorregulación**. Este proceso de adaptación es esencial para que el niño pueda, eventualmente, disfrutar y beneficiarse de las actividades acuáticas.

En este proceso de adaptación al medio acuático, pueden darse algunas situaciones prácticas donde aparezca el miedo. **El miedo se define como una emoción que surge ante la percepción de una amenaza**. Desencadena una serie de respuestas fisiológicas, motoras y cognitivas que nos preparan para la defensa o la huida. Es un sentimiento normal y adaptativo, fundamental para la supervivencia humana, ya que nos alerta de los peligros y nos impulsa a evitarlos. Sin embargo, cuando el miedo se manifiesta de manera desproporcionada o en situaciones que no representan un verdadero peligro, puede convertirse en un obstáculo.

Este libro, "Enseñar a nadar sin miedo", **no pretende abordar el miedo desde una perspectiva clínica ni trata las fobias de manera terapéutica**. En cambio, se centra en cómo prevenir y manejar el miedo al medio acuático en el contexto de la adaptación al medio acuático. La intención es proporcionar herramientas y estrategias para que tanto educadores como padres puedan ayudar a los niños a aprender a nadar sin miedo o superar sus temores y desarrollar una relación agradable con el medio acuático.

En algunas ocasiones, el miedo, si no es extremo, también puede ser un motivador positivo (ley de Yerkes-Dodson). Una cantidad moderada de miedo puede mejorar la motivación y el rendimiento, mientras que muy poco miedo puede llevar a actuar de manera descuidada, y un exceso puede provocar torpeza y bloqueo. Por lo tanto, enseñar a nadar sin miedo implica no solo la adquisición de habilidades físicas, sino también el entrenamiento mental para manejar las sensaciones físicas, las emociones y reacciones que surgen en el proceso.

Aprender a nadar sin miedo es tanto una habilidad física como un proceso de adaptación emocional, en el que **el cerebro juega un papel central al interpretar y reaccionar ante las experiencias**. Por ello, a lo largo de este libro, exploraremos cómo funciona el cerebro cuando enfrenta el miedo y cómo podemos reconfigurarlo para afrontar los desafíos del aprendizaje acuático con confianza y calma.

Con este enfoque integral, buscamos guiar a los lectores a través de un proceso de aprendizaje que va más allá de la técnica, abordando también las emociones y percepciones que acompañan al miedo. Este libro es una invitación a transformar el aprendizaje de la natación en una experiencia de crecimiento personal y emocional, donde la superación del miedo abre las puertas a nuevas posibilidades en el medio acuático.

Los procesos y métodos que se presentan en este libro están diseñados específicamente para niños, teniendo en cuenta su desarrollo físico, emocional y su capacidad de aprender de forma lúdica. No obstante, con las adaptaciones necesarias, estas técnicas pueden aplicarse también a adultos que desean superar el miedo al agua. Es importante ajustar el enfoque, considerando la experiencia previa y las barreras emocionales que los adultos puedan tener, creando un ambiente de seguridad y confianza. Con paciencia y las modificaciones adecuadas, estos métodos pueden ser igual de efectivos para cualquier edad.

Objetivo del libro

El **propósito** central de "Enseñar a nadar sin miedo" es destacar la importancia de una educación acuática fundamentada en la evidencia científica, con el fin de abordar de manera efectiva el miedo al medio acuático.

Es fundamental plantearse **preguntas clave**:

- ¿Qué debemos conocer sobre el miedo?
- ¿Somos capaces de identificar los factores que provocan el miedo en nuestro entorno?
- ¿Qué consideraciones debemos tener en cuenta cuando llevamos a cabo programas acuáticos con grupos de personas que tienen miedo al medio acuático?

Al transformar estos conocimientos en experiencias educativas significativas adaptadas a cada contexto, nos acercamos a brindar la mejor educación acuática evitando que el miedo se apodere del aprendiz.

Con esta obra esperamos inspirar a todos los involucrados en la educación acuática a reflexionar y adoptar buenas prácticas que enseñen sin miedo al medio acuático.

Al finalizar la lectura, los lectores podrán **saber más sobre**:

- ¿Cómo enseñar a nadar sin miedo desde una perspectiva que promueva la confianza en el medio acuático?

- ¿Cómo puede el desarrollo de habilidades acuáticas contribuir a superar el miedo y mejorar la seguridad en el agua?

- ¿Qué tipos de estrategias y técnicas existen para enseñar a nadar sin miedo?

- ¿Cuál es la metodología más eficaz para ayudar a los alumnos a superar el temor al agua durante el aprendizaje de la natación?

- ¿Cómo se puede evaluar el progreso en la superación del miedo al agua y el desarrollo de la competencia acuática?

- ¿Cómo diseñar clases que fomenten la confianza y la seguridad en el medio acuático, involucrando activamente al alumnado en su propio proceso de aprendizaje?

Estructura del libro

Tras una **introducción** que contextualiza la importancia de enseñar a nadar sin miedo, el libro se organiza en una serie de capítulos que abordan este tema desde múltiples perspectivas.

El primer capítulo está dedicado a la **conceptualización del miedo al medio acuático**, explorando sus orígenes, manifestaciones y efectos en el proceso de aprendizaje. A continuación, se presenta un capítulo donde se recogen los más importantes aportes científicos sobre el miedo al agua, proporcionando una base teórica sólida para comprender y abordar este desafío.

El siguiente capítulo expone las **principales técnicas y métodos de enseñanza** diseñados para ayudar a los alumnos a superar el miedo al medio acuático, con un enfoque práctico y accesible para los educadores y familia. Posteriormente, se propone una guía práctica que incluye actividades que facilitan la aplicación de las estrategias discutidas, asegurando una experiencia de aprendizaje efectiva y adaptada a las necesidades de los aprendices.

Finalmente, el libro **concluye** con una reflexión sobre los temas tratados, seguida de una conclusión que sintetiza las ideas clave. La obra se cierra con una **bibliografía** que recoge las fuentes utilizadas, facilitando a los lectores la consulta de la literatura científica que respalda los contenidos expuestos.

Con esta estructura, el libro busca ofrecer una visión integral y práctica para enseñar a nadar sin miedo, apoyando tanto a los educadores como a los aprendices en su camino hacia una relación más segura y confiada con el medio acuático.

Aclaraciones terminológicas

Como ya hemos indicado en otros textos, la **competencia acuática** se refiere a un conjunto amplio de habilidades, conocimientos y actitudes que permiten a una persona desenvolverse con seguridad, eficacia en el medio acuático y respetando el medio ambiente. Este concepto abarca no solo las habilidades acuáticas fundamentales, sino también la capacidad de entender y adaptarse a diferentes entornos acuáticos, tomar decisiones acertadas en situaciones diversas, y actuar con responsabilidad y seguridad en el agua. Por ello, el concepto de competencia acuática en el que se centra este libro tiene un enfoque integral que incluye aspectos físicos, sociales, cognitivos y emocionales, promoviendo una relación positiva y segura con el medio acuático desde las primeras edades.

Por otro lado, la **natación** se centra más específicamente en el aprendizaje y desarrollo de las técnicas de nado, es decir, las habilidades motoras necesarias para moverse eficazmente en el agua. Sin embargo, cuando en este libro se hable de natación en términos generales, siempre se estará haciendo referencia a este concepto en el contexto más amplio de la búsqueda de la competencia acuática. Es decir, se considerará la natación no solo como un conjunto de destrezas técnicas, sino como una herramienta esencial para desarrollar la competencia acuática en los niños durante sus primeras etapas de vida. Así, la enseñanza de la natación se orienta no solo a dominar las habilidades acuáticas fundamentales, sino a fomentar una comprensión profunda y segura del entorno acuático en los más pequeños.

En este libro, el término **"padres"** se utilizará de manera inclusiva para referirse a todas las personas que ejercen un rol de cuidado y responsabilidad sobre los niños, incluyendo a progenitores, madres, padres, tutores legales y cualquier otra figura que cumpla esta función. Esta denominación se emplea con el objetivo de simplificar la redacción, pero siempre abarca y reconoce la diversidad de estructuras familiares y de personas cuidadoras que participan en el desarrollo y bienestar de los menores. En muchos casos, se utilizará el termino familia para referirse a ello.

En este texto hemos intentado hablar de emociones como **"agradables"** o **"desagradables"** en lugar de "positivas" o "negativas", pues consideramos que es más preciso y beneficioso desde una perspectiva pedagógica. Clasificar emociones como "negativas" puede llevar a interpretarlas como malas, indeseables o dañinas, lo que puede generar rechazo o culpa en quien las experimenta. En cambio, usar términos como "desagradables" reconoce que estas emociones no son cómodas de vivir, pero evita descalificarlas o estigmatizarlas. Emociones como la tristeza o el miedo, aunque pueden parecer indeseables, cumplen funciones adaptativas importantes, como promover la reflexión o protegernos de riesgos.

Además, hablar de emociones en términos de "agradables" o "desagradables" permite apreciar su utilidad, destacando que todas las emociones cumplen un propósito. Por ejemplo, el enojo puede movilizarnos frente a la injusticia, y el miedo puede ayudarnos a evitar peligros. Este enfoque funcional resalta que incluso las emociones más incómodas son necesarias para nuestra supervivencia y bienestar, alejándose de la idea polarizada de que solo las emociones "positivas" son válidas o deseables. Al usar un lenguaje que refleja la experiencia momentánea de las emociones, se fomenta una visión equilibrada donde todas son normales y valiosas.

El uso de estos términos también ayuda a reducir los juicios de valor asociados con las emociones. Los conceptos de "positivo" y "negativo" tienden a incluir evaluaciones subjetivas que pueden llevar a una supresión o rechazo de las emociones consideradas negativas. Por el contrario, "agradable" y "desagradable" se enfocan en cómo se experimenta la emoción, sin etiquetarla como buena o mala. Esto facilita la aceptación emocional, un componente esencial para el bienestar psicológico, promoviendo una actitud de curiosidad y apertura hacia las propias experiencias internas. Reconocer las emociones desagradables como naturales y manejables fomenta su regulación saludable y una relación más equilibrada con ellas.

A lo largo del texto, hemos procurado evitar cualquier forma de **sexismo lingüístico**. Sin embargo, también hemos buscado evitar la repetición constante de menciones explícitas a ambos géneros. Por ello, en algunas ocasiones se emplean términos como "profesor y profesora" o "alumnos y alumnas", mientras que en otras se opta por el uso del masculino genérico o por expresiones inclusivas como "profesorado" y "alumnado".

Agradecimientos

A la editorial Sb, y en especial a Andrés Telesca, por su compromiso y apoyo en la transferencia social de las actividades acuáticas.

Este documento no podría haber llegado a este estado sin el aporte de revisión que Marcos Muñoz Martínez, Daniel Juárez, Adolfo Aracil, Rita Fonseca-Pinto, Ana Ortiz, Luciane de Paula y José Antonio Piqueras realizaron sobre el tema. Mil gracias por todas vuestras aportaciones.

La gran mayoría de las fotos son realizadas por el autor y algunas otras extraídas de Freepik.com con los derechos de uso de la licencia.

Para facilitar una lectura fluida y accesible, he decidido evitar la cita continua de estudios y autores a lo largo del texto. Si bien las ideas y métodos expuestos en este libro están respaldados por una sólida base teórica y práctica, he optado por no interrumpir el hilo narrativo con referencias constantes. Agradezco profundamente las valiosas aportaciones de estos investigadores y profesionales, cuyo trabajo ha sido esencial para desarrollar los enfoques aquí presentados. Este libro es, en muchos sentidos, un homenaje a su esfuerzo y dedicación en el campo de la enseñanza de la natación y el manejo del miedo.

1

Conceptualización
¿Qué es el miedo al medio acuático?

Conceptualización
¿Qué es el miedo al medio acuático?

*"Dime, ¿Por qué si uno sabe nadar, flota sin moverse
y cuando no sabe, se hunde?
El miedo pesa, hijo"*

Miguel Delibes

El miedo es una respuesta natural del cerebro diseñada para protegernos. Cuando percibimos una amenaza, la amígdala activa una alarma que prepara al cuerpo para reaccionar. Sin embargo, en situaciones como el miedo al medio acuático, esta respuesta puede ser desproporcionada, afectando la capacidad de razonar y actuar. Este capítulo explica cómo las emociones influyen en la adaptación al medio y qué estrategias ayudan a reprogramar estas respuestas para convertir el miedo en confianza.

1.1 Preámbulo al hablar del miedo al medio acuático

El cerebro humano, con su compleja red de conexiones electroquímicas, no solo genera pensamientos y emociones, sino que también regula nuestras respuestas al miedo. Cada pensamiento es el resultado de la interacción entre los neurotransmisores y las señales eléctricas que fluyen entre las neuronas. Esta comunicación dinámica es fundamental para entender cómo el miedo altera nuestra percepción y nuestra capacidad para tomar decisiones. Al comprender cómo funciona el cerebro durante nuestra respuesta al miedo, podemos aprender a gestionar esta emoción de manera más efectiva, manteniendo el equilibrio y la claridad mental en situaciones desafiantes.

Nuestro cerebro es un órgano sorprendente que funciona como un generador de pensamientos. Este órgano electroquímico utiliza dos tipos de señales para operar: química y eléctrica. Las **señales químicas** provienen de neurotransmisores como la dopamina, serotonina y noradrenalina, que pueden variar naturalmente o ser influenciados por fármacos que modulan su producción. Por otro lado, las **señales eléctricas** se generan cuando las neuronas se comunican entre sí mediante pequeños impulsos eléctricos, creando lo que conocemos como ondas cerebrales.

Las **ondas cerebrales** son fundamentales para determinar cómo nos sentimos y actuamos, ya que son el resultado de la interacción entre nuestras neuronas. Estas ondas pueden medirse y clasificarse en función de su frecuencia, y cada tipo de onda está asociada con diferentes estados mentales y emocionales.

Existen cinco tipos de ondas cerebrales (Fig.1), cada una con una función específica.

Figura 1. Tipos de ondas cerebrales.

Ondas Delta	Ondas Theta	Ondas Alfa	Ondas Beta	Ondas Gamma
0,5-4 Hz	4-8 HZ	8-12 Hz	12-30 Hz	30-100 Hz
Estas son las ondas más lentas y se asocian con el sueño profundo y reparador. Facilitan la regeneración del cuerpo y la producción de serotonina, ayudando al descanso profundo y la recuperación física.	Relacionadas con el sueño ligero y la meditación profunda, estas ondas facilitan la creatividad, la intuición y el procesamiento emocional. Son comunes en niños y en adultos durante el sueño REM y momentos de introspección.	Presentes durante la vigilia relajada, estas ondas se manifiestan en momentos de calma, como al meditar o descansar. Promueven un estado de relajación y reducción del estrés, preparando el cerebro para un aprendizaje óptimo.	Asociadas con la actividad cerebral intensa, estas ondas predominan durante la concentración, la toma de decisiones y la resolución de problemas. Son esenciales para la atención y el pensamiento crítico.	Son las ondas más rápidas y están vinculadas con el procesamiento de información compleja, la percepción consciente y la integración sensorial. Facilitan la conciencia global y la toma de decisiones rápidas y eficientes.

El **equilibrio emocional y el bienestar** dependen en gran medida de la capacidad del cerebro para cambiar de una frecuencia de ondas a otra según las necesidades del momento.

Pensamientos agradables y desagradables

El **cerebro** utiliza energía (en forma de glucosa y oxígeno) para funcionar, y ciertos procesos cognitivos son más demandantes energéticamente que otros. Pensamientos más complejos, como la reflexión positiva, el autocontrol y la resolución de problemas, suelen involucrar áreas como el córtex prefrontal, que requiere un mayor gasto energético.

Por otro lado, los **pensamientos desagradables**, especialmente aquellos relacionados con el miedo, la ansiedad o la preocupación, están vinculados con áreas más primitivas del cerebro, como la amígdala y el sistema límbico, que son menos demandantes en términos de energía. Estas áreas son responsables de respuestas rápidas y automáticas, lo cual tiene sentido evolutivo, ya que están diseñadas para protegernos de amenazas inmediatas.

En cuanto al cansancio y los **pensamientos desagradables**, cuando estamos cansados o estresados, el cerebro tiende a priorizar procesos automáticos y de bajo consumo energético. El córtex prefrontal, que es esencial para generar pensamientos agradables, planificar y razonar, funciona de manera menos eficiente bajo fatiga. Esto puede hacer que caigamos en patrones de pensamiento más reactivos y negativos, ya que las áreas primitivas del cerebro toman el control.

En el ser humano se da la **espiral de pensamientos desagradables**. Esto también está relacionado con un fenómeno llamado **sesgo de negatividad**, que es la tendencia natural del cerebro humano a dar más peso a las experiencias o pensamientos desagradables que a los agradables. Este sesgo puede ser exacerbado cuando estamos agotados, ya que nuestra capacidad para contrarrestarlo con pensamientos positivos es limitada debido a la menor actividad en el córtex prefrontal.

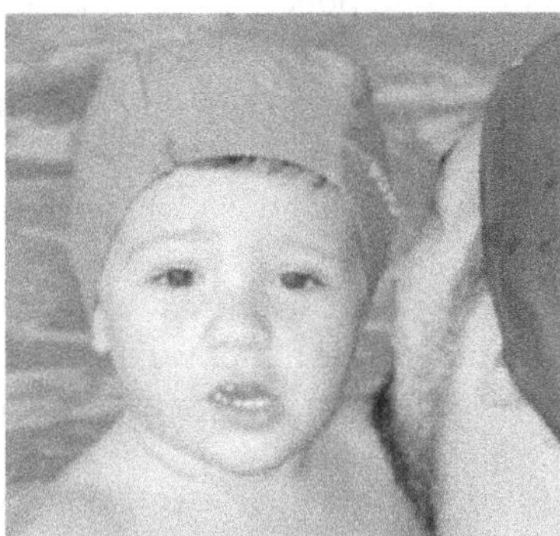

Nuestro cerebro es una máquina compleja que utiliza **energía tanto química como eléctrica** para generar pensamientos y tomar decisiones. Mantener un equilibrio entre diferentes tipos de ondas cerebrales y asegurar que tenemos suficiente energía es esencial para el bienestar mental y emocional, así como para la capacidad de generar pensamientos positivos y constructivos. Los pensamientos agradables pueden requerir más esfuerzo y energía cerebral, ya que implican áreas más evolucionadas del cerebro.

La fatiga reduce nuestra capacidad de activar estas áreas, haciendo que pensamientos desagradables (más automáticos y energéticamente eficientes) dominen. Sin embargo, esto no significa que los pensamientos agradables sean inalcanzables bajo cansancio, pero sí que requieren un esfuerzo consciente y condiciones favorables.

Aunque puede ser difícil, dedicar tiempo a entrenar nuestra mente para mantener una perspectiva positiva no solo ayuda a enfrentar nuestros temores, sino que también nos permite desarrollar habilidades y alcanzar metas importantes.

Emociones y miedo al medio acuático

Las **emociones** son alteraciones intensas y pasajeras del ánimo, que pueden ser agradables o desagradables, y que vienen acompañadas de una reacción somática significativa. Estas alteraciones nos sacan de nuestro estado habitual y nos invaden de manera rápida y a menudo incontrolable. A lo largo de un día, podemos experimentar una variedad de emociones, desde la alegría y la rabia hasta la tristeza y el miedo. Este último, el miedo, puede ser especialmente relevante cuando se trata de aprender a nadar.

En el contexto del **miedo al medio acuático**, este se manifiesta como una emoción profunda que, en muchos casos, puede resultar abrumadora. El miedo al medio acuático no solo afecta nuestro ánimo de forma momentánea, sino que puede convertirse en un estado emocional recurrente y profundo. Si no se gestiona adecuadamente, este miedo puede evolucionar hacia una ansiedad constante, donde la idea de nadar se convierte en una fuente de angustia prolongada.

Aprender a nadar sin miedo es fundamental porque el miedo al medio acuático, si no se aborda adecuadamente, puede convertirse en una barrera que impide el aprendizaje y disfrute de una habilidad vital. El agua, siendo un entorno natural, forma parte de muchas actividades recreativas y deportivas, y también es un escenario en el que pueden surgir situaciones de riesgo. Sin embargo, cuando un niño asocia el entorno acuático con el temor, su capacidad de actuar con seguridad, ante situaciones imprevisibles, en este medio se ve comprometida.

Nuestro cerebro está constantemente escaneando y procesando los estímulos emocionales. Cuando enfrentamos una situación que activa el miedo en nuestro sistema, como el miedo al medio acuático, nuestro cerebro entra en alerta. La **amígdala,** la estructura clave en la gestión de nuestras emociones, se activa para iniciar el mecanismo de emergencia mental, afectando nuestra regulación emocional. Esta respuesta emocional está intrínsecamente relacionada con el funcionamiento del hipocampo, el centro de la memoria y el aprendizaje.

El **hipocampo, junto con el tálamo y el hipotálamo (Figura 2),** conecta el cerebro emocional con el cerebro cognitivo superior, específicamente, el córtex prefrontal. Este último es esencial para razonar, reflexionar, adoptar perspectiva y tomar decisiones. Cuando la amígdala se activa en respuesta a emociones limitantes como el miedo al medio acuático, puede tomar el control y reducir la comunicación con el hipocampo. Esto interrumpe la conexión fluida con el córtex prefrontal, debilitando nuestra capacidad de reflexión y toma de decisiones. En situaciones de miedo esta desconexión puede intensificar la ansiedad y dificultar la superación del miedo.

Figura 2. Partes del cerebro

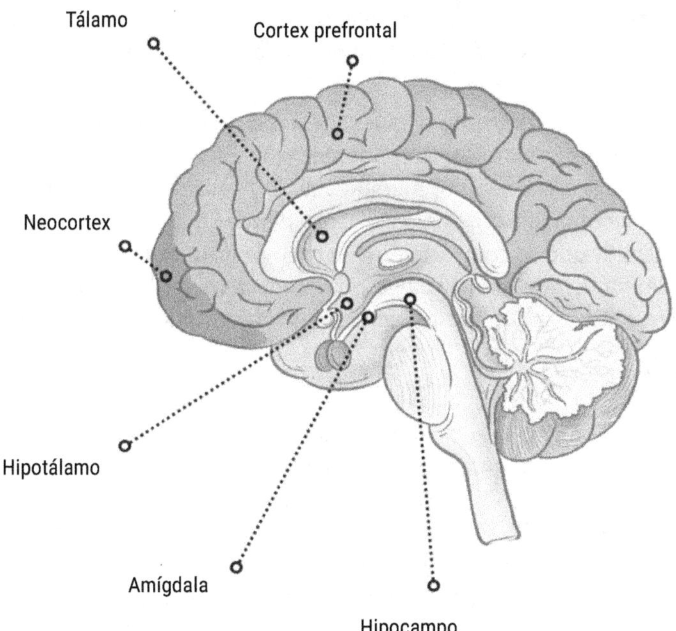

Por otro lado, cuando experimentamos **emociones agradables y expansivas,** como la alegría y la confianza, la amígdala recibe una señal de seguridad. Esto mejora la comunicación con el hipotálamo, el hipocampo y el córtex prefrontal. Por lo tanto, si podemos cultivar una actitud positiva y optimista antes de enfrentarnos al medio acuático, nuestro cerebro funcionará de manera más eficiente.

Las emociones agradables activan más áreas cerebrales, fortaleciendo tanto la memoria como las funciones cognitivas superiores, facilitando así nuestra capacidad para superar el miedo.

Para sacar lo mejor de nosotros mismos en situaciones que nos desafían, **es importante generar primero emociones agradables**. Cultivar la confianza y el optimismo preparará a nuestro cerebro para enfrentar el reto de manera más efectiva. En lugar de permitir que el miedo controle nuestra respuesta, debemos enfocarnos en activar las áreas cerebrales que promueven la seguridad y la claridad mental. Así, podremos superar el miedo al medio acuático y mejorar nuestra capacidad para afrontar cualquier desafío con una mente más abierta y eficaz.

Hay que diferenciar entre **emociones y estados emocionales** en este contexto. Las **emociones**, son inmediatas y efímeras. Pueden surgir repentinamente cuando nos enfrentamos a una situación desconocida o potencialmente peligrosa. Sin embargo, cuando este miedo se mantiene a lo largo del tiempo y se convierte en una barrera persistente, se transforma en un **estado emocional**, como la fobia al agua o la ansiedad generalizada relacionada con la natación.

La gran diferencia entre emociones y estados emocionales radica en nuestra capacidad para influir en ellos. No podemos controlar la aparición instantánea de una emoción como el miedo al medio acuático, pero sí podemos manejar cómo este miedo afecta nuestro bienestar a largo plazo. En lugar de luchar contra este miedo o permitir que se convierta en una barrera insuperable, es más eficaz abordar el problema de manera proactiva. Esto implica **reemplazar el miedo limitante con pensamientos y experiencias agradables relacionadas con el medio acuático**.

Miedo y cerebro

El **miedo en el cerebro** se activa principalmente a través de tres áreas clave: **los núcleos amigdalinos, el hipocampo y los lóbulos prefrontales**. Estas estructuras trabajan en conjunto para gestionar nuestra respuesta al miedo, pero cuando se activa el miedo, su funcionamiento normal se ve alterado. En particular, los núcleos amigdalinos, que son esenciales para la detección del peligro, bloquean la actividad del hipocampo y de los lóbulos prefrontales. Esta interferencia es problemática, ya que el hipocampo es responsable de gestionar nuestros recuerdos y emociones, proporcionándonos una sensación de seguridad basada en experiencias previas. Por su parte, los lóbulos prefrontales son determinantes para la reflexión, el análisis de situaciones y la toma de decisiones estratégicas. Sin el apoyo adecuado de estas estructuras, la mente queda atrapada en un estado de miedo, sin acceso a las herramientas necesarias para salir de esta parálisis.

El miedo, al desactivar gran parte del funcionamiento cerebral normal, provoca no solo alteraciones psicológicas sino también fisiológicas:

- ***Consecuencias fisiológicas.*** Estas reacciones son independientes de la edad que tengan las personas y están provocadas por una serie de cambios bioquímicos, principalmente por la descarga de catecolaminas (noradrenalina, epinefrina y otras sustancias). Son un conjunto de síntomas como taquicardia, tensión muscular, temblores, sudoración, palidez, sequedad de garganta y boca, sensación de nausea en el estómago, urgencia de orinar y defecar, respiración rápida, dificultades para respirar, etc., esto es a lo que se denomina "tormenta vegetativa". No tienen por qué darse todas y puede variar la intensidad con la que se den en función de la persona. Si el miedo permanece un periodo de tiempo prolongado, provoca otras alteraciones psicosomáticas como: angustia, inquietud, fatiga, alteraciones del sueño, alteraciones del apetito e irritabilidad.

- ***Consecuencias motoras-comportamentales.*** Las reacciones comportamentales ante situaciones de miedo pueden ser muy extremas, hasta tal punto que se dé la postura de quedarse inmóvil o enmudecer, de forma muy extrema a aparentar la muerte, o, todo lo contrario, puede llevarse a cabo una agitación y gritos en forma de huida. Dependiendo de la intensidad del miedo, se producen respuestas viscerales del sistema nervioso. Principalmente en la infancia estas conductas no son fáciles o posibles de detener. Es, por tanto, la responsabilidad del adulto ayudar positivamente a ello. Las conductas que se suelen dar son (Figura 3): evitación activa, evitación pasiva, escape y alteración comportamental.

Figura 3. Conductas comportamentales ante el miedo al medio acuático.

Evitación activa	Evitación pasiva	Escape	Alteración comportamental
Acción para prevenir la relación con los estímulos. Por ejemplo, un niño con miedo al agua se niega rotundamente a acercarse a la piscina, argumentando excusas como que no tiene el bañador, que no se siente bien, o que prefiere jugar en otro lugar. Toma medidas proactivas para evitar cualquier contacto o proximidad con el estímulo que genera miedo.	Deja de llevar a cabo una acción para evitar los estímulos. Por ejemplo, durante una clase de natación, el niño no realiza las tareas propuestas por el educador, permanece quieto en el borde de la piscina o se queda sentado sin participar. No realiza una acción que lo acerque al agua, elige "no hacer" como estrategia para no enfrentarse al miedo.	Cesa la relación con los estímulos. Por ejemplo, un niño que está dentro de la piscina en una zona poco profunda comienza a sentir miedo y decide salir corriendo del agua hacia la zona seca, llorando o gritando. Este comportamiento muestra una respuesta de huida, donde el niño busca terminar inmediatamente el contacto con el estímulo que genera su miedo.	Cuando no puede evitar o escapar de la situación. Por ejemplo, un niño que no puede evitar entrar al agua, quizás porque está en una actividad grupal obligatoria, puede reaccionar con un comportamiento descontrolado: gritar, llorar, moverse de forma agitada en el agua, o incluso quedarse paralizado y sin hablar. No logra evitar ni escapar, por lo que muestra una reacción extrema al estar enfrentándose a su miedo directamente, lo que puede incluir desde respuestas de inmovilidad hasta conductas de agitación.

- ***Consecuencias cognitivo-subjetivas.*** Son sentimientos y pensamientos subjetivos internos, variables según el tipo de personas y las formas diferentes de valorar y percibir el miedo. Consistente en sensaciones de peligro y amenaza, impotencia, pérdida de confianza, vergüenza, aislamiento social, bloqueos, etc. Se describen dos posibilidades que se pueden dar, una evaluación de la estimulación como amenazante y/o una evaluación del repertorio conductual como insuficiente.

Por lo tanto, el miedo acelera el ritmo cardíaco y redirige el flujo sanguíneo hacia áreas del organismo que considera más esenciales para la supervivencia inmediata, dejando a otras partes, como el sistema digestivo, en un segundo plano. Esta alteración puede causar **problemas digestivos crónicos**, como intolerancias, malas digestiones, inflamación y condiciones como el colon irritable. Estas manifestaciones físicas son un reflejo del impacto profundo que el miedo sostenido puede tener en el cuerpo.

Además, el miedo altera la química del cerebro, inclinando el equilibrio hacia el estrés. **El cortisol**, la hormona del estrés, se convierte en predominante durante estos episodios, y niveles elevados de cortisol mantenidos en el tiempo pueden tener efectos perjudiciales para la salud física. Sin embargo, hay maneras de contrarrestar este efecto. Si se logra evitar que la amígdala apague otras áreas cerebrales importantes durante un episodio de miedo, es posible minimizar estos efectos negativos.

Sería interesante esforzarse por **mantener activos los lóbulos prefrontales**, ya que son la parte del cerebro que permite reflexionar, tomar perspectiva y encontrar soluciones. Cuando los lóbulos prefrontales están funcionando correctamente, el miedo puede sentirse como una simple inquietud ante lo desconocido, lo cual es normal y sano, pero no lo suficientemente fuerte como para bloquear nuestras acciones. Esta activación promueve pensamientos más positivos y optimistas, permitiéndonos reconocer en nosotros mismos las herramientas y talentos que hemos utilizado en el pasado para superar situaciones difíciles.

Para fortalecer esta capacidad, es útil realizar tareas que activen el prefrontal izquierdo en frecuencias cerebrales Alpha y Beta, que están asociadas con un pensamiento optimista, racional, sereno y orientado a objetivos, con una organización y priorización claras de las tareas. Cuando esta parte del cerebro funciona de manera armoniosa en estas frecuencias, los desafíos se vuelven más manejables. El miedo no desaparece por completo, pero se convierte en una alerta serena que podemos manejar con confianza y seguridad. Esta práctica puede ser fundamental para reducir el miedo innato a no ser suficiente, permitiéndonos enfrentar la vida con mayor confianza y eficacia (Ibáñez, 2023).

Sistema emocional y su relación con el miedo

La **ansiedad y el estrés** están profundamente entrelazados con el miedo, ya que ambas son respuestas que el cerebro genera cuando percibe una amenaza, real o imaginaria. La ansiedad surge cuando el cerebro experimenta miedo, ya sea a algo que ocurrió en el pasado, a la incertidumbre del futuro, a la posibilidad de no lograr un objetivo, a ser herido, a no ser suficiente, a no ser amado, a perder, a que la historia se repita o incluso a ganar. En esencia, **la ansiedad es una manifestación de miedo**.

La **ansiedad se activa cuando el sistema nervioso detecta un peligro, real o percibido**. Este miedo es un mecanismo de defensa natural y vital para la supervivencia humana, pues nos pone en alerta ante posibles amenazas. Nuestro organismo, reacciona rápidamente al miedo con respuestas que permiten que estemos preparados para escapar o enfrentar el peligro. Es como una autoprotección del sistema interno, pero lo que activa el miedo o la ansiedad, es personal, en algunos casos muy válido para uno y, en otras ocasiones, sin sentido para otros. Sin embargo, cuando el cerebro sigue en estado de miedo incluso después de que la amenaza ya ha pasado, es cuando surgen los síntomas desagradables de la ansiedad. **La clave para manejar la ansiedad, por tanto, es enseñar al cerebro a desactivar este estado de miedo una vez que el peligro ha sido superado.**

El cerebro opera en múltiples niveles de procesamiento, **incluyendo el procesamiento explícito y el implícito**. Se estima que alrededor del 95% de nuestras funciones cerebrales ocurren a nivel implícito, lo que significa que la mayoría de nuestras acciones, pensamientos y emociones son automáticas y no alcanzan un nivel de conciencia plena. Así como no siempre podemos ver lo que hay bajo la superficie del agua (en el mar, río, etc.), aunque sabemos que está ahí, los procesos implícitos operan en nuestra vida sin que necesariamente los percibamos de manera consciente. Estos procesos incluyen recuerdos, emociones y aprendizajes acumulados a lo largo del tiempo, que influyen significativamente en cómo percibimos y reaccionamos ante estímulos como el miedo.

Cuando el cerebro recuerda una **situación que fue percibida como peligrosa en el pasado**, puede reaccionar con miedo, incluso si la amenaza ya no es real. Esta reacción puede manifestarse en forma de síntomas de ansiedad, que son, en esencia, el cerebro comunicándonos que experimenta miedo.

Las experiencias pasadas que han dejado una **huella emocional desagradable** en nuestro inconsciente tienen un impacto significativo en cómo respondemos al miedo en el presente. El cerebro, enfocado en la supervivencia, tiende a dar más peso a las emociones desagradables que a las agradables, porque su prioridad es protegernos de posibles amenazas. Esta tendencia explica por qué a menudo nos enfocamos más en una crítica negativa que en múltiples comentarios positivos. Es un reflejo de la naturaleza defensiva del cerebro, que siempre está en alerta para evitar cualquier cosa que pueda ser perjudicial.

El **estrés**, por su parte, es una respuesta física a estímulos repetidos que nuestro organismo percibe como desafiantes o amenazantes, como el frío, el peligro o, en muchos casos, el propio miedo. A diferencia de la ansiedad, el estrés es una reacción a un estímulo presente y tangible. Por ejemplo, enfrentarse a una prueba de evaluación de la competencia acuática puede generar estrés, que se manifiesta durante el tiempo en que se realiza dicha prueba. La ansiedad, en cambio, no necesita de un desencadenante presente, puede surgir en situaciones tranquilas, cuando el cerebro revive o imagina situaciones estresantes que, aunque no sean reales en ese momento, provocan una respuesta de miedo.

Para **reducir la ansiedad**, es esencial desconectar al cerebro de esos miedos almacenados en el inconsciente. Esto se logra sacando al cerebro de ese estado de alerta constante, lo que cambia la dinámica de su actividad electroquímica. Cuando estamos ansiosos, nuestro cerebro opera en frecuencias Gamma, que son rápidas y asociadas con el estado de alerta y preocupación. Por ejemplo, si imaginamos a una persona llamada Ana, que ha experimentado una situación traumática, un incidente traumático en el pasado mientras nadaba en una piscina. Durante un día en la piscina, Ana se asfixió brevemente bajo el agua debido a un accidente en la piscina, lo que le generó una sensación de peligro y pánico. Aunque fue una situación aislada y no hubo daño físico grave, su cerebro asoció esa experiencia con una amenaza, creando una memoria traumática vinculada al agua. Desde ese evento, cada vez que Ana entra a una piscina, su cerebro reacciona de manera automática con miedo extremo y ansiedad, incluso cuando la piscina es segura y no hay ninguna amenaza real. Su cuerpo comienza a experimentar síntomas como sudoración, palpitaciones, dificultad para respirar, y se siente atrapada o incapaz de moverse, a pesar de que el ambiente es completamente seguro. Este miedo irracional se activa debido a la asociación entre la piscina y el trauma, lo que genera una respuesta de ansiedad.

Las ondas cerebrales son el resultado de la actividad eléctrica generada por las neuronas en el cerebro. Diferentes patrones de ondas cerebrales (como Gamma, Beta, Alpha, Theta, Delta) reflejan estados mentales específicos, pero no necesariamente son la causa de esos estados, sino más bien una manifestación de la dinámica electroquímica del cerebro en ese momento.

Por ejemplo, si estás ansioso, es probable que se observen ondas Gamma (y, en algunos casos, ondas Beta altas), pero estas ondas son una consecuencia de la actividad cerebral subyacente relacionada con el estrés, no la causa directa de la ansiedad. Dicho esto, modificar deliberadamente las ondas cerebrales puede influir en los estados mentales.

Otro ejemplo serían ciertas técnicas como la meditación, la respiración profunda o incluso la neuroestimulación, que pueden inducir patrones de ondas Alpha o Theta, asociados con calma y relajación, lo que a su vez puede ayudar a reducir la ansiedad.

El estrés, por otro lado, es la forma en que nuestro cuerpo se prepara para enfrentar situaciones fuera de lo común, generando una explosión de energía y concentración. Cuando este estrés es puntual, puede ser positivo, ya que nos ayuda a superar desafíos (**eustrés**). Sin embargo, cuando se prolonga indefinidamente, se convierte en **distrés**, un tipo de estrés negativo que puede ser dañino.

Si el cerebro percibe el estrés como negativo, entramos en un estado de **distrés**, donde nos sentimos abrumados y víctimas de la situación. Por el contrario, si el cerebro ve el estrés como un desafío con un resultado positivo, experimentamos **eustrés**, un estado en el que el estrés es manejable y puede incluso ser motivador. Cambiar la percepción del estrés puede transformar la respuesta del cuerpo a él.

Para dar un valor positivo al estrés, es fundamental hacer que el cerebro vea el beneficio detrás del estrés y limitar el tiempo durante el cual lo experimentamos. Si el cerebro sabe que hay una recompensa al final del esfuerzo, será más fácil manejar el estrés de manera positiva. Además, intercalar momentos de placer y descanso durante períodos de estrés prolongado ayuda a mitigar sus efectos negativos. Un ejemplo de cómo convertir el miedo al medio acuático en estrés positivo es enfrentarse gradualmente a este contexto en un ambiente controlado. Al saber que el objetivo final es sentirse cómodo y disfrutar del agua, el estrés se transforma en una experiencia de crecimiento. Además, alternar estos momentos de desafío con pausas relajantes fuera del agua permite que la persona procese el estrés de manera positiva, dándole al cerebro la recompensa de haber avanzado sin sentirse abrumada.

El **estrés crónico**, por otro lado, es extremadamente perjudicial porque altera y deteriora las estructuras cerebrales. El cortisol, la hormona del estrés, es liberado cuando el cerebro detecta peligro. Esta hormona, en niveles elevados y mantenidos, provoca un daño considerable al cerebro, especialmente al hipocampo y al córtex prefrontal, áreas responsables de la memoria, la toma de decisiones y la regulación emocional.

El resultado es una disminución en nuestra capacidad para reflexionar, aprender y gestionar nuestras emociones, haciendo que el mundo se perciba como un lugar más amenazante de lo que realmente es. Para combatir este deterioro, hay que reducir la velocidad y el desorden de las frecuencias cerebrales, permitiendo que el cerebro funcione en un estado más calmado y eficiente.

1.2 El miedo

El miedo es una emoción primordial que ha desempeñado **un papel vital en la supervivencia** de la especie humana a lo largo de su evolución. Esta emoción tiene sus raíces en la necesidad biológica de responder rápidamente a amenazas potenciales, un mecanismo que se remonta a los tiempos en que los seres humanos vivían en entornos hostiles, rodeados de depredadores y peligros constantes. El miedo, por tanto, no es simplemente un instinto irracional, sino una herramienta de supervivencia profundamente arraigada en nuestro sistema nervioso.

La amígdala activa rápidamente otras estructuras que permiten procesar el peligro de manera automática. A través de conexiones con el tálamo sensorial, el hipotálamo y el sistema nervioso simpático (todos fuera de nuestro control consciente), se desencadenan respuestas fisiológicas intensas: aumento de la presión arterial, aceleración del ritmo cardíaco, y redirección de la energía hacia los músculos, preparándonos para una respuesta física. En este proceso, funciones no esenciales en ese momento, como la digestión, se inhiben para maximizar la disponibilidad de recursos en caso de necesitar escapar o reaccionar.

En un segundo momento, el procesamiento se vuelve más racional cuando la señal de peligro alcanza la corteza sensorial, y desde allí, la corteza cingulada y prefrontal, donde se analiza la situación en detalle. Sin embargo, en el contexto del miedo al medio acuático, esta etapa puede verse comprometida por las emociones intensas de peligro y vulnerabilidad, lo que dificulta una evaluación objetiva del entorno y aumenta la sensación de peligro (Figura 4).

Figura 4. Proceso del miedo.

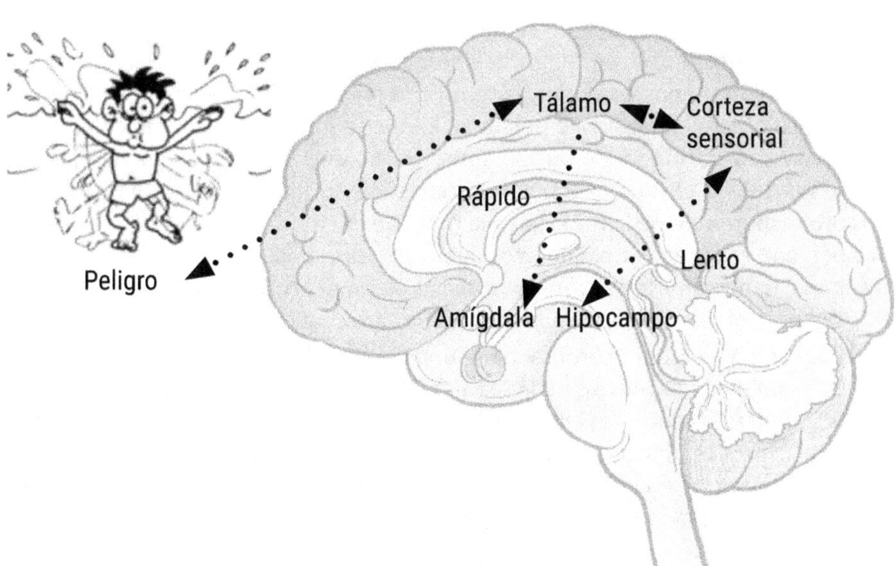

Cuando los seres humanos se enfrentan a una situación nueva o desconocida, como aprender a nadar, su cerebro automáticamente busca en su memoria experiencias previas que puedan proporcionar una referencia. Este proceso es manejado por el sistema límbico, que realiza un escaneo rápido de la situación.

El **sistema límbico** es una parte del cerebro que se encarga de gestionar nuestras emociones y algunos comportamientos básicos, como el hambre, el sueño y las respuestas ante el miedo. Es como el centro de control de nuestras emociones. Cuando algo nos hace sentir felices, tristes, asustados o enojados, es el sistema límbico el que está trabajando. También ayuda a formar recuerdos, especialmente los relacionados con las emociones. Por ejemplo, si alguna vez tuviste una experiencia que te dio miedo, el sistema límbico es el que hace que recuerdes esa situación para protegerte en el futuro.

Si el sistema límbico no encuentra registros anteriores, **la amígdala**, que es la estructura cerebral responsable de gestionar el miedo, se activa inmediatamente y envía señales de alerta. Este mecanismo cerebral, que funcionó eficazmente para nuestros ancestros al protegerlos de amenazas físicas, como depredadores o peligros naturales, se manifiesta hoy en forma de miedo a lo desconocido, impidiendo que las personas enfrenten ciertas situaciones, como sumergirse en el agua.

El miedo, en este contexto, actúa como una señal de advertencia: el cerebro dice que aquello a lo que se enfrenta es desconocido y, por lo tanto, potencialmente peligroso. No obstante, en la vida moderna, donde las amenazas físicas inmediatas son menos comunes, este mismo mecanismo puede convertirse en un obstáculo para el desarrollo personal. **El miedo puede bloquear la capacidad de pensar con claridad y de buscar soluciones creativas**, ya que la amígdala, al activarse, reduce el flujo sanguíneo hacia el lóbulo frontal, que es la zona del cerebro responsable de la reflexión y la toma de decisiones. Por ejemplo, cuando una persona en la piscina, sin buen dominio acuático, deja de tocar el suelo, como resultado, la persona se encuentra atrapada en un pensamiento, donde solo percibe el peligro inmediato sin poder considerar alternativas.

Este comportamiento cerebral tiene una base evolutiva clara. Durante los primeros estadios de la humanidad, cuando los seres humanos habitaban en ambientes naturales llenos de depredadores y otros peligros, el miedo era un sistema de alarma que activaba respuestas fisiológicas inmediatas. Estas respuestas, conocidas como "reacción de lucha o huida", preparaban al cuerpo para enfrentar el peligro, ya sea enfrentándolo directamente o escapando de él.

Este proceso es gestionado por el **sistema nervioso simpático**, que, al ser activado, bloquea temporalmente las funciones cerebrales más avanzadas para priorizar la supervivencia.

Sin embargo, cuando este **mecanismo de alarma se activa** en situaciones que no representan un peligro real, como en un entorno físicamente controlado y pedagógicamente orientado, puede limitar gravemente la capacidad de una persona para enfrentar nuevas experiencias. Si durante la infancia o a lo largo de la vida, una persona ha sido condicionada a sentir miedo ante lo nuevo y a no resistirse a él (por ejemplo, con expresiones del tipo "cuidado que te puede causar daño", "no te metas que te puedes hundir", "cierra la boca que puedes tragar agua"), es probable que desarrolle una baja tolerancia a la incomodidad del miedo. Este condicionamiento puede hacer que la persona evite situaciones nuevas, lo que a su vez refuerza su miedo y lo perpetúa en un ciclo difícil de romper.

Resistirse al miedo es, por tanto, una habilidad determinante que debe ser desarrollada para evitar que el miedo reduzca nuestras oportunidades de crecimiento. Si no se enfrenta al miedo, este puede expandirse y dominar más aspectos de la vida, haciendo que las personas se vuelvan cada vez más intolerantes a la novedad y al cambio. Esta apertura al cambio y la disposición a desaprender lo que creemos saber es esencial para el verdadero aprendizaje y el crecimiento personal.

Tipos de miedo

Los **tipos de miedo** más estudiados y tratados son: miedo físico (muerte y peligro, animales y el tratamiento médico), miedo social (rechazo social) y miedo metafísico (a lo desconocido y estrés psiquiátrico).

Los miedos varían a lo largo de la vida y cambian de forma predecible según el desarrollo y las experiencias. En los diferentes estadios del crecimiento, los miedos aparecen, desaparecen, aumentan o disminuyen, reflejando las fases evolutivas y las capacidades cognitivas de cada edad. Los tipos de miedos infantiles más comunes incluyen:

- Miedo al fracaso y a la crítica: preocupación por la percepción que otros tienen de uno mismo.

- Miedo a lo desconocido: temor a la oscuridad, seres fantásticos, y situaciones desconocidas.

- Miedo a los animales y a las heridas: miedo a los animales, cortes, y heridas menores.

- Miedo al peligro y a la muerte: temor a amenazas como terremotos, incendios, o asfixia.

- Miedos médicos: miedo a la sangre, inyecciones y procedimientos médicos.

- Miedos a los cambios de rutinas: ansiedad ante cambios como mudanzas o cambios de colegio.

- Miedo a la lluvia: temor a truenos y tormentas.

- Miedo a las personas desconocidas: inquietud hacia extraños.

A medida que los niños crecen y desarrollan nuevas habilidades cognitivas y motrices, así como estrategias de afrontamiento más efectivas, estos miedos tienden a disminuir. Sin embargo, si los miedos se vuelven excesivos y persistentes, pueden interferir en el desarrollo normal y persistir en la vida adulta. Los miedos infantiles evolucionan a lo largo de diferentes etapas de la vida, como se detalla en la Figura 6, que muestra la evolución de los miedos desde el nacimiento hasta los 12 años (Grande, 2000):

Figura 6. Evolución de los miedos según la edad (Grande, 2000).

Edad	Miedos
6 a 12 meses	Personas extrañas. Ruidos fuertes.
0 a 2 años	Estímulos internos y desconocidos. Separación de las figuras de apego.
2 a 4 años	Animales. Oscuridad. Tormentas. Médicos.
4 a 8 años	Oscuridad. Animales. Criaturas imaginarias (brujas, fantasmas, monstruos). Catástrofes. Daño físico. Ridículo. Exámenes y suspensos.
8 a 10 años	Accidentes. Enfermedades. Rendimiento escolar. Exámenes y suspensos.
10 a 12 años	Conflicto grave entre los padres.

El **miedo a no poder respirar** es uno de los motivos más valorados en términos de intensidad y relevancia, ya que toca uno de los instintos más básicos de supervivencia. Reflexionar sobre este miedo nos lleva a comprender cuán fundamentales son nuestras respuestas fisiológicas ante situaciones que percibimos como peligrosas, incluso cuando estamos en un entorno controlado como una piscina con un profesor presente. Según varios estudios, existen diferencias significativas en la percepción del miedo según la edad y el género. Por ejemplo, las niñas tienden a mostrar más miedo que los niños, y tanto niños como niñas experimentan más miedos que los adolescentes. Esto sugiere que la evolución del miedo está influenciada por factores biológicos y sociales, y que su manifestación puede cambiar con la edad y el desarrollo.

¿Qué es la fobia?

Cuando los **estados de ansiedad** se vuelven desproporcionadamente intensos, aparecen frente a estímulos que en otras personas no provocan ninguna reacción emocional, o se mantienen de manera continua, se puede hablar de una "fobia". Según el Manual diagnóstico y estadístico de los trastornos mentales (DSM-5-TR) en 2023, una fobia se define cuando el miedo se torna irracional, persistente e inmanejable en determinadas circunstancias, escapando al control consciente del ser humano.

Una fobia es un miedo intenso hacia una situación que supera de forma desmedida una precaución razonable frente al peligro. Este temor es irracional y desproporcionado, lo que lleva a evitar la situación temida. Este comportamiento de evitación contribuye a que el miedo se mantenga e incluso se agrave con el tiempo. Cuando este patrón de evitación empieza a interferir significativamente en la vida diaria de la persona, afectando sus actividades y relaciones sociales, se clasifica como un trastorno psicológico.

La fóbica se caracteriza por la presencia de todos los componentes del estado de alerta: la presencia o anticipación de una situación u objeto percibido como peligroso, y una emoción ansiosa, irracional o desproporcionada, acompañada de reacciones fisiológicas, comportamentales y cognitivas.

Estos incluyen:

- **Hipervigilancia:** aumento de la atención hacia el entorno en un intento de detectar la presencia del problema.

- **Sensaciones físicas:** síntomas típicos de la ansiedad, como palpitaciones, sudoración o temblores.

- **Comportamientos de evitación o pánico:** reacciones destinadas a evitar la situación temida o a manejar el miedo intenso.

Entre las fobias más comunes encontramos las fobias a los animales, fobias relacionadas con el entorno natural o ambiental, fobias situacionales y fobias vinculadas a heridas, inyecciones o sangre.

Hidrofobia, acuafobia y miedo al medio acuático

El miedo al medio acuático se clasifica dentro de los cuatro principales tipos de fobias (animal, entorno natural, situacional, y herida/médico), específicamente dentro del **miedo al entorno natural**.

Muchas personas tienen motivos para temer el medio acuático, especialmente si carecen de habilidades para nadar, lo que puede poner en peligro su vida en situaciones cerca de grandes masas de agua. Sin embargo, aquellos que padecen **hidrofobia** presentan un síntoma clínico asociado a la rabia en humanos o animales. En este caso, no es un miedo psicológico, sino una aversión física al agua causada por espasmos musculares dolorosos en la garganta al intentar beber. La hidrofobia no es una fobia psicológica, sino un fenómeno médico que ocurre en la etapa avanzada de la rabia, debido a la inflamación cerebral que afecta los mecanismos de deglución.

El **miedo al agua se conoce como acuafobia**, un término híbrido con raíces en dos lenguas antiguas: el latín "aqua" (agua) y el griego "fobos" (miedo). La acuafobia se define como un miedo persistente e irracional hacia al medio acuático, clasificado como una fobia específica, lo que significa que el nivel de miedo supera el control de la persona y puede interferir significativamente en su vida diaria.

La acuafobia implica un temor psicológico, no relacionado con una condición física. Las personas que padecen acuafobia pueden sentir ansiedad extrema ante la idea de nadar, sumergirse o incluso estar cerca de grandes cuerpos de agua. Generalmente, su causa es psicológica y puede estar vinculada a experiencias traumáticas previas relacionadas con el medio acuático.

Es común encontrar a personas en piscinas que se bloquean mentalmente al entrar en contacto con el agua, al acercarse a la parte profunda, o al cambiar de posición en el agua. Este bloqueo les impide participar en la actividad con normalidad, quedándose aferrados al borde de la piscina. Otros pueden mostrar conductas caracterizadas por movimientos bruscos y una alta tensión muscular, como cuando realizan el gesto técnico del crol golpeando el agua con fuerza, con los ojos apretados, el rostro tenso, y la cabeza fuera del agua girando en cada brazada. Muchas de estas conductas están estrechamente relacionadas con el miedo al medio acuático (Moreno-Murcia, 2023).

Es importante no confundir la acuafobia con la **hidrofobia**, aunque ambos términos estén relacionados con el agua. La hidrofobia es una aversión al agua que se desarrolla en las etapas finales de la rabia en seres humanos, mientras que la **acuafobia** es un miedo irracional a algo que no representa un peligro significativo (Figura 7).

Figura 7. Diferencias clave entre acuafobia e hidrofobia.

Aspecto	Acuafobia o miedo al medio acuático	Hidrofobia
Causa	Psicológica (fobia específica).	Médica (virus de la rabia).
Tipo de miedo	Irracional, ansiedad relacionada con el agua.	Fisiológica, aversión física al agua.
Síntomas	Ansiedad, sudoración, taquicardia.	Espasmos musculares, dolor al intentar beber.
Tratamiento	Terapia psicológica (exposición gradual).	Tratamiento para la rabia (vacunas, anticuerpos).

Por otro lado, la **talasofobia** es un gran miedo persistente al mar y a lo que pueda esconderse en sus profundidades. Se centra en las grandes masas de agua como océanos y mares. La **batofobia** es menos común y se refiere al miedo a las profundidades en sí, como abismos o fosas marinas, sin importar si están en el mar o en otros entornos. Mientras que la talasofobia y la **batofobia** pueden compartir un temor a lo que hay en la profundidad del agua, la acuafobia es más una aversión al elemento acuático en sí.

No todos los principiantes tienen **miedo al agua o acuafobia**. Es cierto que el agua es un elemento diferente al aire atmosférico, que forma parte del entorno natural utilizado para respirar y desplazarse en la vida diaria. Al introducirse en el agua, las personas experimentan sensaciones diferentes a las habituales, como una leve presión o una temperatura distinta, lo que impide utilizar los mecanismos inconscientes que se emplean en tierra. Uno de los principales desafíos para los principiantes es aprender a mantener las vías respiratorias fuera del agua, ya que introducirlas bajo el agua y no poder respirar adecuadamente puede generar ansiedad. Estos primeros contactos con el agua pueden resultar incómodos y desagradables. Sin embargo, con el conocimiento y dominio de estos mecanismos, estas situaciones pueden volverse agradables y divertidas.

Algunos autores sostienen que no existe una relación natural entre el miedo y los principiantes en el medio acuático (Catteau y Garoff, 1974). De hecho, los niños suelen tener un interés intrínseco en el agua y en las nuevas situaciones que esta ofrece. Existen grandes diferencias en la forma de actuar en el medio acuático en comparación con el terrestre. La Figura 8 muestra las distintas condiciones que existen entre ambos medios y las diversas formas de actuar en estas situaciones.

Figura 8. Diferencias entre el medio terrestre y acuático.

	Medio terrestre	Medio acuático
Respiración	– Inconsciente. – Por la nariz. – El aire no dificulta la respiración. – No se modifica la postura.	– Consciente. – Por la boca/nariz. – La presión del agua facilita la espiración y dificulta la inspiración. – Modificación de la postura.
Equilibrio	– Vertical. – Apoyos de los pies. – Equilibrio de las extremidades superiores y del tronco.	– Desequilibrios. – Aumento de apoyo de las extremidades superiores. – Disminución de apoyo de las extremidades inferiores. – Flotación.
Resistencia del agua	– No hay resistencia que se oponga a los movimientos. – Las piernas son las protagonistas del desplazamiento. – Los brazos equilibran.	– Gran resistencia de oposición a los movimientos. – Los brazos son los protagonistas de los desplazamientos. – Las piernas equilibran.
Temperatura	– Relativa influencia de la temperatura ambiental. – Protección con prendas de abrigo.	– Mayor pérdida de calor corporal cuando menor es la temperatura del agua. – Beneficios relajantes de distensión muscular y mayor amplitud de movimientos en agua caliente. – Beneficios sedantes de relajación en agua caliente. – Activación corporal en agua fría.
Peso corporal	– La gravedad configura una postura permanente. – La musculatura necesita un tono adecuado para los movimientos. – Las articulaciones soportan los efectos de la gravedad. – Movimientos limitados.	– La gravedad queda reducida. – La musculatura se distiende. – Las articulaciones no sufren los efectos de la gravedad. – Mayor capacidad de movimiento (articular y muscular).

Mientras que una persona no experta en natación puede tener miedo lógico a las aguas profundas debido al riesgo de ahogamiento, las fobias, por definición, son irracionales. Aquellos que padecen acuafobia a menudo sienten ansiedad en cualquier entorno acuático, desde un lago hasta una bañera. Aunque pueden ser conscientes de que es improbable ahogarse en una bañera, no pueden evitar sentir miedo, ansiedad o pavor al estar cerca del agua. Otros síntomas comunes incluyen:

- Evitación extrema de entornos acuáticos de cualquier tamaño.

- Sentimientos de temor, miedo o ansiedad ante la vista o el pensamiento del agua.

- Mala higiene causada por la aversión al baño.

Por lo que **acuafobia o miedo al medio acuático**, aunque a menudo se utilizan de manera intercambiable, se refieren al mismo fenómeno fundamental: un temor intenso y persistente hacia el entorno acuático. Esta fobia puede desencadenar reacciones extremas, como pánico y evitación, cuando la persona se enfrenta a situaciones relacionadas con el agua.

Causas del miedo al medio acuático

Durante el proceso de adquisición de habilidades acuáticas fundamentales, es común que se presenten experiencias desagradables que pueden generar un temor inicial al agua (por ejemplo, querer forzar un determinado aprendizaje de una habilidad cuando el aprendiz no está preparado para ello). Si este temor no se aborda adecuadamente durante la enseñanza, puede evolucionar hacia una auténtica fobia, dificultando considerablemente el dominio del medio acuático.

Las **causas del miedo al medio acuático**, aunque no están completamente claras, sugieren que las fobias pueden tener un componente genético. La acuafobia, por ejemplo, a menudo se origina a partir de un evento traumático en la infancia, como un incidente de casi ahogamiento. También puede desarrollarse a partir de una serie de experiencias desagradables menores, que, aunque no sean traumáticas, pueden dejar una huella duradera, especialmente si ocurren en la niñez.

Desde antes del nacimiento, los bebés tienen una predisposición natural para moverse en el agua, una habilidad que se conserva durante varios meses después del nacimiento. Sin embargo, si esta predisposición no se refuerza a través del aprendizaje, el sentimiento de dominio y satisfacción en el medio acuático se desvanece con el tiempo, dando lugar a una sensación de torpeza y miedo. Cuando este miedo es reforzado por el entorno, ya sea por la evitación del contacto con el agua o por la transmisión de temores de otros, se fomenta una tendencia a evitar el entrar en el medio acuático, lo que puede culminar en el desarrollo de una fobia al medio acuático con necesidad de tratamiento clínico. En estos casos, la práctica en el medio acuático puede percibirse como una amenaza tanto física como psicológica.

El miedo al medio acuático puede originarse por una variedad de factores, tanto físicos como psicológicos, que interactúan de manera compleja: inseguridad física y amenazas psicológicas (Figura 9).

Figura 9. Factores que originan el miedo al medio acuático.

Inseguridad física	Amenazas psicológicas
Los principiantes en el medio acuático suelen enfrentarse a movimientos y entornos desconocidos que pueden resultar desorientadores, provocando una pérdida de equilibrio y, en consecuencia, miedo.	Entre los factores psicológicos, el miedo al fracaso es común en los niños y tiende a intensificarse con la edad.
Según Pérez (2010), este temor puede surgir debido a las demandas de cambios bruscos de posición o a la confusión en la percepción sensorial, incluyendo señales plantares, laberínticas, articulares y visuales. Estos desafíos sensoriales, combinados con problemas respiratorios y la inmersión, pueden hacer que las primeras experiencias en el agua se perciban como una amenaza. Aunque esta amenaza no sea real, el practicante puede desarrollar la creencia de que no podrá superar el desafío, lo que desencadena una respuesta emocional de miedo acompañada de tensión física que puede llevar al bloqueo. La novedad de la situación, junto con la inseguridad respecto a los resultados y la presión por tener éxito, puede intensificar este miedo tanto durante como después de la actividad.	Este miedo puede estar relacionado con una falta de confianza en las propias capacidades o con el temor a las consecuencias de no cumplir con las expectativas. Además, existe el miedo a ser evaluado negativamente, que se manifiesta de manera prominente en la adolescencia y puede prolongarse hasta la edad adulta. En algunos casos, la acuafobia puede desarrollarse debido a la transmisión cultural del miedo, donde un adulto transmite su propio temor al agua al niño, quien lo internaliza incluso antes de haber tenido experiencias directas con el medio acuático. El miedo al ridículo, especialmente durante la adolescencia, y el miedo a la competición también son factores relevantes. Mientras que en los niños estos temores se centran en su capacidad y desempeño, en los adultos se suman preocupaciones adicionales como el miedo al ridículo y la opinión de los demás. Finalmente, experiencias previas desagradables o situaciones estresantes, como ahogamientos o inmersiones forzadas, pueden consolidar el miedo al agua y contribuir a su persistencia.

Miedo al miedo acuático y trauma

El miedo al medio acuático puede estar profundamente relacionado con el trauma, especialmente cuando una persona ha experimentado una situación desagradable o peligrosa en el medio acuático en el pasado. Los traumas relacionados con el medio acuático, como casi ahogarse, presenciar un ahogamiento o experimentar una intensa sensación de pánico durante una actividad en el agua, pueden dejar una huella emocional duradera. Estas experiencias traumáticas pueden condicionar al cerebro para asociar el medio acuático con peligro, activando respuestas de miedo cada vez que la persona se enfrenta a situaciones similares.

Las **experiencias traumáticas pueden fortalecer la conexión entre el miedo y el medio acuático a través de la amígdala,** la cual es responsable de la respuesta al miedo. Cuando una persona ha sufrido un trauma relacionado con el medio acuático, la amígdala puede activar una respuesta de miedo exagerada al entrar en contacto con el medio acuático, incluso si no hay peligro real. Este proceso también involucra al hipocampo, que almacena recuerdos y asociaciones, perpetuando la reacción de miedo cada vez que se enfrenta a una situación similar. Además, el trauma dificulta el proceso de desaprender ese miedo, ya que las respuestas emocionales intensas suelen ser resistentes al cambio. Así, aunque la persona sepa racionalmente que la situación (como entrar a la piscina por las escaleras) no representa una amenaza, su cuerpo y mente siguen reaccionando con ansiedad y pánico debido al trauma no resuelto. En resumen, el miedo al medio acuático y el trauma están estrechamente vinculados, ya que las experiencias traumáticas no solo desencadenan, sino que también perpetúan el miedo al medio acuático, llevando a la evitación de situaciones acuáticas o a reacciones extremas cuando se enfrentan a ellas.

Estos factores que influyen en el miedo al medio acuático pueden clasificarse como internos o externos, según se muestra en la siguiente tabla (Figura 10).

Figura 10. Factores que influyen en el miedo al medio acuático.

Factores internos	Factores externos
– Personalidad del alumno. – Edad y género. – Auto-eficacia percibida. – Expectativas de meta.	– Entorno familiar. – Creencias sociales o de la comunidad. – Educador. – Compañeros. – Características de la tarea. – La profundidad. – El material utilizado.

2

Lo que la ciencia revela sobre el miedo al medio acuático

2

Lo que la ciencia revela sobre el miedo al medio acuático

"Es mucho mejor comprender el universo tal como es en realidad que persistir en el engaño, por satisfactorio y tranquilizador que pueda parecer"
Carl Sagan

Conocer las formas de medir el miedo al agua, identificar los factores que lo desencadenan, y explorar diferentes modelos de aprendizaje y propuestas de intervención, puede permitir a los educadores adaptar la enseñanza a las necesidades individuales. Por tanto, resulta de gran importancia investigar y analizar las causas del miedo en el medio acuático. En este capítulo, abordaremos cómo los estudios científicos iluminan la compleja relación entre el miedo y el proceso de enseñanza en el medio acuático (Moreno-Murcia y Juárez, 2025).

Comprender sus factores de riesgo/causas permitirá a los expertos dotar a los aprendices de la autonomía y confianza necesarias para superar este obstáculo, aplicando la metodología más adecuada en cada caso. A través del análisis de datos y hallazgos científicos, exploraremos cómo el miedo puede afectar la capacidad de aprendizaje y el rendimiento en actividades acuáticas, así como las estrategias más efectivas para superar estos desafíos. Este enfoque nos permitirá comprender mejor cómo adaptar la enseñanza para abordar y gestionar el miedo, promoviendo un entorno de aprendizaje más seguro y enriquecedor en el medio acuático.

En este contexto, el objetivo de este capítulo es explorar lo que los estudios nos indican sobre la influencia del miedo en el aprendizaje en el medio acuático, así como los métodos para medirlo y abordarlo. Las preguntas clave que se buscan responder son: (1) ¿Cuál es la relación entre el miedo al medio acuático y el aprendizaje? (2) ¿Cómo se mide el miedo al medio acuático? y (3) ¿Cuáles son las técnicas más efectivas para enfrentar el miedo en el entorno acuático?

2.1 Introducción

En la actualidad, una gran parte de las actividades recreativas y de ejercicio físico, especialmente durante el período estival, se desarrollan en torno al medio acuático. Dado que este entorno es distinto al habitual para el ser humano, es determinante una fase de adaptación previo para lograr un dominio que permita evitar riesgos y disfrutar plenamente de estas prácticas. Sin embargo, es común que algunas personas experimenten miedo e inseguridad cuando interactúan con el agua, **pero no existe evidencia concluyente de que experiencias sean la causa directa de un miedo duradero al medio acuático.**

Los **miedos son un fenómeno común durante la infancia y la adolescencia**. Aunque esta emoción, como ya se ha explicado anteriormente, tiene un papel adaptativo para la supervivencia, si no se maneja adecuadamente, puede llevar a la pérdida de habilidades motoras adaptativas y limitar el desarrollo de los niños en el medio acuático. Este miedo puede convertirse en un obstáculo significativo para el disfrute y aprovechamiento. Si persiste hasta la edad adulta, su superación puede volverse más difícil. En este sentido, la prevalencia del miedo al medio acuático en la población general se sitúa entre el 2 y el 3%, aunque es más común en la primera infancia, tiende a intensificarse con la edad. Tras llevar a cabo una revisión, donde los **criterios de inclusión** que se establecieron fueron los siguientes: (a) estudios descriptivos, intervenciones y escalas que midan o traten el miedo al medio acuático en humanos; (b) artículos publicados en revistas científicas; (c) publicaciones en inglés y castellano, se seleccionaron 18 estudios que cumplían los criterios de inclusión establecidos.

Los estudios se estructuraron en tres subgrupos de análisis, resumiendo sus resultados **en tres tablas**. En el primer bloque se muestran las escalas de medición del miedo al medio acuático (Figura 11); en el segundo, los estudios descriptivos en relación a este tema (Figura 12), y en el tercero, todas las intervenciones llevadas a cabo relacionadas con el miedo en el medio acuático (Figura 13).

2.2 Estudios sobre escalas de medición del miedo

En este apartado se han incluido dos estudios (Figura 11), ambos del año 2020. Mientras que en el de Moreno-Murcia et al. (2020) se presenta la validación de un instrumento pictórico con respuestas dicotómicas para niños de entre 3 y 6 años, en el de Misimi et al. (2020) participan, en una primera fase del proceso de validación de una escala tipo Likert personas de 13 a 76 años (aunque la media fue de 24.5 ± 11.7 años), y en una segunda parte niños de 10 a 12 años. En ambos casos, el instrumento mide el miedo percibido por el alumno.

El instrumento de medición del miedo al medio acuático desarrollado por Moreno-Murcia et al. (2020) consta de cinco dimensiones clave que permiten evaluar los factores que generan miedo en el contexto del medio acuático en niños de 3 a 6 años. Estas dimensiones son (Figura 14):

- **Influencia del contexto social:** evalúa el impacto que tienen el entorno social del niño (padres, compañeros, instructor) en la percepción del miedo hacia el medio acuático.

- **Influencia de las experiencias:** considera cómo las experiencias previas del niño en situaciones acuáticas, especialmente aquellas que han sido negativas o traumáticas, contribuyen al miedo.

- **Influencia de la actitud:** analiza la disposición emocional del niño hacia el agua, incluyendo su predisposición positiva o negativa al medio acuático.

- **Influencia del equipo o las instalaciones:** se refiere al impacto que el uso de equipos acuáticos (como flotadores, colchonetas) y las características de las instalaciones (profundidad, tamaño de la piscina) tienen sobre el miedo del niño.

- **Influencia de la competencia:** evalúa cómo la autopercepción de la habilidad o competencia acuática del niño afecta su nivel de miedo. Si el niño siente que tiene pocas habilidades, es probable que el miedo sea mayor.

Figura 14. Dimensiones de medición del miedo al medio acuático (Moreno-Murcia et al., 2020).

Estas dimensiones permiten identificar los principales factores que influyen en el miedo al medio acuático y son utilizados para desarrollar programas educativos adaptados.

El instrumento desarrollado por Misimi et al. (2020), conocido como el Cuestionario de Evaluación del Miedo al Agua (FWAQ), consta de tres dimensiones principales:

- **Contacto con el entorno acuático:** esta dimensión se refiere a las interacciones iniciales con el agua, como sumergir el rostro y abrir los ojos bajo el agua, y el miedo a perder contacto con el fondo o con los bordes de la piscina.

- **Fuerza natural del agua:** evalúa el miedo a situaciones en cuerpos de agua abiertos, como el miedo a las olas, aguas profundas o corrientes, que son factores comunes en el miedo a ahogarse.

- **Control del movimiento en el agua:** incluye aspectos relacionados con las habilidades acuáticas, como la capacidad de realizar entradas seguras al agua (saltos o zambullidas) y el control del cuerpo en el agua para flotar o deslizarse.

Estas dimensiones permiten evaluar el miedo al agua en diferentes contextos y facilitan la identificación de personas que puedan necesitar intervenciones específicas para superar estos temores.

Figura 11. Resumen de las escalas de medición del miedo al medio acuático.

Autores	Muestra	Método	Resultados	Conclusiones
Misimi et al. (2020)	Estudio 1 y 2: 2074 participantes; 1002 hombres y 1072 mujeres entre 13 y 76 años. Estudio 3: 110 participantes (53 niños y 57 niñas) entre 10 y 12 años.	Estudio 1: cuestionario tipo Likert con 40 ítems elaborado por expertos y administrado a una muestra aleatoria. Estudio 2: cálculo del coeficiente alfa de Cronbach Estudio 3: la muestra rellenó el cuestionario y fue evaluado por un profesor de Educación Física, aplicándose posteriormente diversos análisis estadísticos	Estudio 1: se mantienen 20 de los 40 ítems representados por el 40% de la varianza explicada total. Estudio 2: se consiguió una buena consistencia interna del cuestionario (α= 0,831). Estudio 3: correlación canónica de 0.936 del cuestionario prediciendo el 98.2% de los 108 participantes. Valores altos para el 1º y 2º factor (contacto con el medio acuático) y más bajos para el 3º factor (control del movimiento en el agua) en grupos con miedo al agua.	Se propone el uso del cuestionario como un método válido para identificar a personas con miedo al agua, y poder individualizar y adaptar el método de aprendizaje.
Moreno Murcia et al. (2020)	Estudio 1: 122 participantes entre 3 y 6 años. Un grupo coordinador y 12 expertos para validar los contenidos de la escala. Estudio 2: 384 participantes, 195 niños y 189 niñas ente 3 y 5 años. Estudio 3: 444 participantes, 235 niños y 208 niñas entre los 3 y 5 años.	Estudio 1: se creó el cuestionario a través de una revisión bibliográfica estableciendo los ítems en 5 dimensiones: influencia del contexto social, experiencias, actitud, equipos o instalaciones y competencia. Se verifica la validez con un estudio piloto seleccionando un total de 22 ítems representados con pictogramas. Estudio 2: se realizó un estudio y se midió la consistencia interna. Estudio 3: se realizó un estudio con 18 ítems.	Estudio 1: de los 22 ítems, 12 no se modificaron, 2 fueron eliminados y sustituidos y 4 fueron modificados. Estudio 2: tras eliminar 4 ítems se encontró una buena consistencia interna. Estudio 3: los datos respaldan la hipótesis de la multidimensionalidad del constructo, y se considera que hay una aproximación razonable a los datos.	Se establece un instrumento de medición del miedo percibido a través una escala pictórica de 18 ítems con dos opciones de respuesta. Todas las dimensiones correlacionaban significativamente entre sí encontrando la relación más fuerte en la influencia de la actitud con el contexto y el equipamiento. Para minimizar el miedo al medio acuático habría que desarrollar la competencia y las experiencias positivas en edades tempranas.

2.3 Estudios descriptivos en relación con el miedo

En este apartado son 9 los estudios incluidos (Figura 12), siendo tres de ellos anteriores al año 2000, mientras que el resto han sido publicados en los últimos 14 años. Algunos de los estudios están realizados con niños, aunque las entrevistas y cuestionarios los completen sus padres (Layne et al., 2020; Menzies y Clarke; 1993; Peden y Franklin, 2020). En otros estudios, también han participado adolescentes y jóvenes (Berukoff y Hill, 2010; Irwin et al., 2011, 2015; Poulton et al., 1999;), o incluso adultos (Stillwell, 2011). En el estudio de Graham y Gaffan (1996) los participantes van desde los 5 a los 73 años. Los datos fueron recogidos en estos estudios a través de cuestionarios y entrevistas, siendo contestados por los padres en el caso de los niños pequeños. Sólo en el estudio de Berukoff y Hill (2010) se realizan además pruebas en el medio acuático.

Las principales aportaciones de estos estudios sobre el miedo al agua y la competencia acuática se resumen en los siguientes puntos clave:

- **Persistencia de la ansiedad:** la ansiedad relacionada con el miedo al agua puede perdurar durante años, incluso hasta la adultez, y puede necesitar tratamiento prolongado.
- **Experiencias negativas y antecedentes familiares:** no se observaron grandes diferencias entre los que tenían miedo y los que no en cuanto a experiencias negativas previas. Sin embargo, los niños con miedo al agua eran más propensos a tener padres y hermanos con poca competencia acuática, lo que sugiere una posible propensión hereditaria a desarrollar miedo a lo desconocido.
- **Ansiedad en adultos:** en los adultos, el miedo al agua parecía estar relacionado con la ansiedad social o de rendimiento, más que con una experiencia traumática directa con el agua.
- **Importancia de programas de natación:** se recomienda la participación temprana en programas de natación multinivel que ayuden a los niños a superar el miedo al agua, mejorar su competencia acuática y reducir el número de adultos que no saben nadar. Estos programas deben dirigirse tanto a niños como a sus padres, para enfatizar la importancia de aprender a nadar.
- **Desensibilización sistemática:** a partir de las sugerencias de los participantes, se propuso una estrategia de enseñanza basada en la desensibilización sistemática, para ayudar a otros a superar el miedo al agua.
- **Relación entre experiencias negativas y desarrollo acuático:** los niños que han tenido experiencias desagradables previas con el agua muestran un menor desarrollo de habilidades acuáticas, especialmente a partir de los 12 años. Esto se acentúa en niños de escuelas públicas o con antecedentes médicos.
- **Intervenciones educativas:** los resultados sugieren que los padres e instructores deben implementar estrategias para minimizar el impacto de las experiencias desagradables y fomentar un entorno de aprendizaje seguro y positivo para el desarrollo de la competencia acuática.

Estos hallazgos son fundamentales para comprender cómo se desarrolla el miedo al agua y guiar intervenciones que mejoren la habilidad de nadar y la seguridad acuática en general.

Figura 12. Resumen de los estudios descriptivos sobre el miedo al medio acuático.

Autores	Muestra	Método	Resultados	Conclusión
Menzies y Clarke (1993)	50 participantes (30 chicos y 20 chicas) con una edad media de 5,5 años.	Cuestionario autoadministrado a niños y sus padres para identificar origen en fobias comunes y describir eventos relevantes que crean desencadenantes.	La mayoría de los padres creían que la fobia había estado presente desde el primer contacto con el agua. Siete de los padres creían que la información había sido algo influyente y los ocho restantes no recordaron ninguna experiencia traumática y señalaron que no siempre sus hijos habían mostrado miedo al agua.	La ansiedad inicial puede permanecer y necesitar tratamiento muchos años después.
Graham y Gaffan (1996)	36 niños con miedo al agua no nadadores de entre 5 y 8 años, y 80 adultos (46 mujeres y 34 hombres) no nadadores o de aprendizaje tardío de entre 23 y 73 años.	Cuestionarios rellenados por las madres de los niños participantes y por los adultos participantes. Después de esto se les clasificó en tres grupos: "sin miedo", "perdiendo el miedo" y "con miedo".	Aquellos que tenían dos hermanos mayores estaban en el grupo "sin miedo". Las madres creían que el miedo del niño siempre había estado presente, sobre todo en el grupo "con miedo". Se encontraron semejanzas entre padres, hijos y hermanos en cuanto al miedo. Los padres y hermanos mayores del grupo "sin miedo" tenían mayor competencia acuática que los de otros grupos.	Se observó poca diferencia entre los grupos que tenían miedo y los que no en cuanto a experiencias negativas previas Los niños con miedo tenían más probabilidad de tener padres y hermanos mayores con poca competencia acuática. Puede haber una propensión hereditaria a desarrollar miedo a lo desconocido. En los adultos, el miedo parecía tener alguna relación con una ansiedad social o de rendimiento.

Autores	Muestra	Método	Resultados	Conclusión
Poulton et al. (1999)	8.688 participantes organizados en grupos de 3 años (n = 1037), 5 años (n = 991), 7 años (n = 954), 9 años (n = 955), 11 años (n = 925), 13 años (n = 850), 15 años (n = 976), 18 años (n = 1008) y 20 años (n = 992).	Prueba y entrevista a todos los niños. Los de 3 a 9 años fueron acompañados de sus padres. Se les preguntaba a los padres por habilidades que sus hijos pudieran o no realizar en el agua, así como si ellos mismos podían nadar.	No hubo diferencias entre la confianza en el agua o el trauma por agua hasta los 9 años y el miedo al agua a los 18. Los niños que no podían sumergirse con confianza a los 9 años tenían fobia al agua a los 18. La competencia acuática de los padres no se relacionaba con el desarrollo del miedo al medio acuático.	Puede ser que el miedo no surja de la respuesta a un estímulo particular, sino porque ese estimulo esté asociado previamente con otro estímulo con el que hubo asociaciones traumáticas.
Berukoff y Hill (2010)	73 chicos y 71 chicas de 13 a 18 años hispano/latinos.	Se evaluó el rendimiento en el nado y la autoeficacia, y el riesgo de ahogamiento percibido.	Correlación moderada y negativa (-0,54) entre el miedo a ahogarse y la auto-eficacia de nado. Los chicos tuvieron una media más baja que las chicas en el miedo a ahogarse y en la percepción del riesgo de nado.	Se recomienda encarecidamente la participación temprana en programas de natación multinivel que ayuden a los niños a vencer el miedo al agua, incrementar la eficacia y el rendimiento en el nado, y que incremente por tanto el número de adultos que saben nadar.
Irwin et al. (2011)	1116 adolescentes (11-16 años) y 564 padres o cuidadores de niños (5-9 años) de diferentes razas.	Encuesta en relación con potenciales barreras de natación, facilidades de acceso a la práctica y cuestiones demográficas, y sobre razones por las que sabían o no nadar.	Diferencias significativas en función de la raza en relación con el miedo a ahogarse, siendo las chicas afroamericanas las que presentaban mayor miedo. Las respuestas de los padres y cuidadores.	Comprender y poner atención sobre el miedo a ahogarse puede ayudar a estas poblaciones. Para ello, es importante que los niños puedan realizar una instrucción formal de natación, pero también transmitir la importancia de esta enseñanza a los padres y cuidadores.

Autores	Muestra	Método	Resultados	Conclusión
Stillwell (2011)	3 mujeres con miedo al agua (una de 20 años, otra de 30 años).	Entrevista semiestructurada con 20 ítems y preguntas de seguimiento en relación a su miedo al agua, las experiencias pasadas en clases de natación, y sobre qué pensaban que debía ser enseñado y cómo enseñarlo.	Las tres mujeres tenían antecedentes de experiencias traumáticas en el medio acuático. Dos de ellas tuvieron experiencias negativas en clases de natación. La tercera nunca había participado en clases de enseñanza. Las tres tenían una visión perspicaz sobre lo que creían que necesitaban aprender en clases y cómo se podría enseñar.	Con las sugerencias de las participantes, se propuso una estrategia de enseñanza para otras personas basada en la desensibilización sistemática.
Irwin et al. (2011)	1116 adolescentes (11-16 años) y 564 padres o cuidadores de niños (5-9 años) de diferentes razas.	Encuesta en relación a potenciales barreras de natación, facilidades de acceso a la práctica y cuestiones demográficas, y sobre razones por las que sabían o no nadar.	Diferencias significativas en función de la raza en relación con el miedo a ahogarse, siendo las chicas afroamericanas las que presentaban mayor miedo. Las respuestas de los padres y cuidadores de los niños pequeños fueron también significativamente diferentes en relación a los de raza blanca.	Comprender y poner atención sobre el miedo a ahogarse puede ayudar a estas poblaciones. Para ello, es importante que los niños puedan realizar una instrucción formal de natación, pero también transmitir la importancia de esta enseñanza a los padres y cuidadores.
Layne et al. (2020)	3 padres y 12 madres de una edad media de 39 años con hijos de una edad media de 7 años.	Se preguntó a los padres sobre sus niveles de habilidad y su percepción del nado, y las capacidades de sus hijos.	Los padres tienen un impacto positivo sobre sus hijos. Manifestaron un "miedo saludable" al agua, lo que puede servir para que presten más atención a la seguridad acuática de sus hijos.	Los padres creen que la natación es una habilidad de la vida que los niños deben aprender, incluso los que manifestaron miedo al agua.

Autores	Muestra	Método	Resultados	Conclusión
Peden y Franklin (2020)	14.012 niños entre 5 y 12 años participantes en un programa de "aprender a nadar".	Cuestionario completado por los padres donde reflejaban si su hijo había tenido experiencias negativas anteriores.	535 participantes notaron una experiencia previa negativa de los cuales el 56,4% eran varones y la media de edad era de 8 años. Los varones reportaban experiencias negativas relacionadas con un ahogamiento no fatal y las mujeres asociadas con un miembro de la familia. Las experiencias negativas más comunes fueron reportadas en las lecciones de natación por sumergirse, mojarse, presionar a los niños para que intenten habilidades en contra de su voluntad o negligencias del instructor.	Hay una relación directa entre las experiencias negativas y el menor desarrollo de las habilidades acuáticas en comparación con los niños que no reportaron estas experiencias acentuándose a partir de los 12 años. Los resultados indican que hay mayor probabilidad de experimentar experiencias negativas previas en niños que asisten a escuelas públicas y aquellos con antecedentes médicos; lo que provoca un menor nivel de competencia acuática con el paso de los años en Se deben utilizar estrategias para disminuir el impacto potencial de tales experiencias por parte de los padres e instructores.

2.4 Intervención sobre el miedo

En relación con los estudios donde se lleva a cabo una intervención para abordar el miedo al medio acuático, se han encontrado 7 estudios (Figura 13), siendo uno de ellos anterior al año 2000 (Weiss et al., 1998). Dos de los artículos fueron publicados en 2016 (Abu Tame, 2016; Chan et al., 2016), mientras que el resto de investigaciones incluidas son del año 2022 (Katchaturian y Stillwell, 2022; Misimi et al., 2022; Ostrowski et al., 2022; Roche et al., 2022).

Las **principales aportaciones** de las conclusiones sobre el miedo al agua y las intervenciones para superarlo incluyen:

- **Eficacia del modelo observacional**: un "modelo de intervención observacional por imitación" combinado con lecciones de natación es más efectivo para reducir el miedo al agua que las lecciones de natación aisladas.

- **Importancia de las habilidades acuáticas fundamentales:** aprender dichas habilidades ayuda a reducir el miedo y mejora la autoconfianza, facilitando el aprendizaje de la natación y ampliando el campo de práctica.

- **Intervenciones específicas:** se sugiere una intervención de alrededor de ocho sesiones para superar el miedo al agua, incorporada en programas de natación. Pasos intermedios, como el proceso gradual de sumergir la nariz y luego los ojos, son esenciales.

- **Duración de la intervención:** un periodo de intervención de 18 semanas podría no ser suficiente para lograr mejoras significativas en las habilidades acuáticas en relación con el miedo al agua.

- **Uso de gafas:** las gafas de natación son útiles en el aprendizaje para niños con miedo al agua, ya que facilitan la comodidad y confianza.

- **Miedo al agua en niñas:** el miedo al agua es un desafío significativo, particularmente entre las niñas, lo que puede complicar el aprendizaje inicial de la natación.

- **Tecnología de videos 360º:** el uso de videos de 360º puede aumentar la familiarización con el medio acuático y reducir el miedo al agua en niños que no son nadadores.

Estos hallazgos subrayan la importancia de combinar diferentes enfoques y herramientas, tanto tradicionales como tecnológicas, para superar el miedo al agua y facilitar el aprendizaje de la natación.

Figura 13. Resumen de las intervenciones en población con miedo al medio acuático.

Autores	Muestra	Método	Resultados	Conclusiones
Weiss et al. (1998)	24 niños (18 chicos y 6 chicas) (6.2 ± 0.9 años) con miedo al agua.	Dos grupos experimentales y uno control. Se realizó un pretest y un postest. Durante tres días, los grupos de intervención vieron videos de niños realizando diversas habilidades acuáticas: los del grupo de iguales centrados en la maestría vieron altas capacidades, frases positivas, y demostraciones correctas. Los del otro grupo vieron baja capacidad, frases negativas, y demostraciones parcialmente correctas. Tras esto, tenían una lección de enseñanza en la piscina.	Diferencias entre grupos de intervención y control.	Un "modelo de intervención observacional por imitación" combinado con lecciones de nado es más efectivo para combatir el miedo que las lecciones de natación aisladas.
Abu Tame (2016)	68 estudiantes de la universidad de Kadoorie.	Cuestionario en relación al miedo para aprender a nadar. Intervención de 6 semanas, con 3 sesiones de 1 hora.	El miedo se redujo después de aprender habilidades acuáticas básicas.	Se recomienda aprender habilidades acuáticas básicas para reducir el miedo asociado al aprendizaje de la competencia acuática, orientar la autoconfianza de los estudiantes a mejorar el aprendizaje y ampliar el campo de práctica.

Autores	Muestra	Método	Resultados	Conclusiones
Chan et al. (2016)	Tres participantes de 3, 4 y 7 años de edad.	El miedo se evaluó mediante un test de habilidades. Se realizaron sesiones evaluando la adquisición de ciertas habilidades. Se observó el número de veces que se producían comportamientos fóbicos en lo que duraba la propuesta de habilidad nueva (15 s).	Mejora en los objetivos establecidos para las habilidades de aproximación al agua de los niños. Cuando se les pidió a los niños una nueva habilidad más difícil, algún niño volvió a demostrar comportamientos fóbicos.	Una intervención de unas ocho sesiones para superar el miedo al agua puede ser incorporada en programas para aprender a nadar. Se necesita establecer pasos intermedios sobre todo cuando se pasa de sumergir la nariz a sumergir los ojos.
Chan et al. (2016)	Tres participantes de 3, 4 y 7 años de edad.	El miedo se evaluó mediante un test de habilidades. Se realizaron sesiones evaluando la adquisición de ciertas habilidades. Se observó el número de veces que se producían comportamientos fóbicos en lo que duraba la propuesta de habilidad nueva (15 s).	Mejora en los objetivos establecidos para las habilidades de aproximación al agua de los niños. Cuando se les pidió a los niños una nueva habilidad más difícil, algún niño volvió a demostrar comportamientos fóbicos.	Una intervención de unas ocho sesiones para superar el miedo al agua puede ser incorporada en programas para aprender a nadar. Se necesita establecer pasos intermedios sobre todo cuando se pasa de sumergir la nariz a sumergir los ojos.
Katchaturian y Stillwell (2022)	Una mujer de 30 años con miedo al agua.	Intervención de 18 semanas, realizando 24 sesiones de 90 minutos, utilizando la desensibilización sistemática para reducir el miedo y la ansiedad. Se aplicaron diferentes tests para recoger datos.	Disminución en el miedo al agua por parte de la participante desde el punto de vista cognitivo y psicológico, pero que no se traduce de igual manera en la reducción del miedo en las habilidades acuáticas.	Una intervención de 18 semanas puede ser insuficiente para que el progreso conseguido en relación a la superación del miedo acuático pueda suponer una mejora de las habilidades acuáticas.

Autores	Muestra	Método	Resultados	Conclusiones
Misimi et al. (2022)	20 niños y 20 niñas de 10-11 años.	Dos grupos: unos usaban gafas y snorkel y los otros no. Realizaron un programa de enseñanza de natación de 5 sesiones por semana durante 4 semanas.	Ambos grupos mejoraron sus habilidades acuáticas, pero mejoras en entrada al agua, deslizamiento de espaldas y nado prono fueron mayores en el grupo que uso gafas y snorkel, aunque mejoraron menos en la habilidad de hacer burbujas soplando.	El uso de gafas parece ser en general beneficioso para aprender a nadar en niños con miedo al agua.
Ostrowski et al. (2022)	134 niñas y niños de 10 años que no sabían nadar al comienzo de curso, y que realizaron al menos 25 sesiones durante el año.	Programa de 35 sesiones, con una sesión de 45 min por semana. Diversos tests previos y posteriores al programa, incluido un test para valorar el miedo al agua.	Casi la mitad de los participantes no lograron lo establecido en el currículum escolar.	El mayor problema en la enseñanza inicial de la natación puede ser el miedo al agua, especialmente entre las niñas.
Roche et al. (2022)	2 niños de 11-12 años, con cierto rechazo a entrar en el agua.	Entrevistas cualitativas mientras veían un video en 360° de un medio acuático en niveles progresivamente más profundos a través de una pantalla montada en la cabeza.	El uso del video proporciona una experiencia de inmersión, pero sin entrar en la piscina; ocasiona un fuerte compromiso emocional entre ansiedad y curiosidad por explorar el medio; y supone el desarrollo y adquisición de señales perceptivas precisas y conocimientos relacionados con el medio acuático.	Un video de 360° puede mejorar la confianza y familiarización con el medio acuático y contribuir a reducir la fobia en niños que no son nadadores.

2.5 Resumen de las aportaciones de los estudios del miedo

A pesar de su relevancia, **los estudios sobre esta temática son limitados,** especialmente en lo que respecta a la validación de instrumentos y escalas, así como en la investigación experimental. Solo se han identificado dos estudios recientes **que validan instrumentos para medir el miedo al medio acuático** (Misimi et al., 2020; Moreno-Murcia et al., 2020). Ambas escalas se centran en la percepción del miedo de los participantes mediante respuestas a ítems específicos. La escala desarrollada por Moreno-Murcia et al. (2020), está dirigida a la población infantil y utiliza dibujos para facilitar la comprensión de los ítems, con respuestas dicotómicas para simplificar la toma de decisiones. Contar con escalas de medición válidas y fiables es esencial para identificar el origen del miedo y abordarlo eficazmente. Las escalas pueden ayudar a los técnicos a determinar el nivel de miedo de los participantes, si es pasado, actual o inexistente, lo que permite personalizar la metodología de enseñanza para optimizar el aprendizaje.

Los **estudios descriptivos** revisados indican que el miedo al medio acuático puede originarse por diversos factores, incluyendo el contexto social, las experiencias previas, la competencia, la actitud, el material y las instalaciones. Las experiencias traumáticas previas pueden asociarse con estímulos acuáticos y generar fobias. Por ello, es fundamental desarrollar competencias acuáticas desde edades tempranas de forma gradual y progresiva, de acuerdo, a lo citado en Chan et al. (2016). La ansiedad o el miedo al ahogamiento debido a experiencias previas están relacionados con el nivel de competencia del alumno. Fomentar la enseñanza de habilidades acuáticas fundamentales, tanto en niños como en adultos con miedo, es vital para reducir el miedo. Esta enseñanza debe realizarse teniendo en cuenta las experiencias previas de los alumnos para adaptar el enfoque metodológico.

Además, se ha observado que las **metodologías que atienden las necesidades psicológicas básicas aumentan la confianza de los participantes**. Algunas intervenciones efectivas incluyen visualizaciones mediante vídeos de situaciones acuáticas y el uso de recursos como gafas de natación. Permitir a los aprendices sentirse seguros al realizar habilidades y decidir el momento de enfrentar habilidades más difíciles puede reducir el estrés asociado con el miedo.

Aplicar métodos de enseñanza que reduzcan los procesos cerebrales relacionados con el miedo puede ser muy beneficioso. Esto permite a los aprendices mejorar sus habilidades acuáticas rápidamente, en línea con la desensibilización sistemática propuesta por Stillwell (2011). La enseñanza de técnicas de relajación y la exposición gradual a situaciones temidas puede ser efectiva para superar el miedo.

Se puede **concluir** que:

- El miedo al medio acuático limita la participación en actividades deportivas y recreativas.

- Las experiencias desagradables previas son uno de los factores que contribuyen a este miedo, aunque existen otros factores influyentes.

- El aprendizaje de habilidades acuáticas fundamentales puede reducir significativamente este temor.

- Las escalas de medición del miedo acuático son útiles para evaluar la situación inicial y ajustar la metodología de enseñanza para mejorar el aprendizaje en el medio acuático.

3

Métodos y técnicas para la gestión del miedo al medio acuático

3

Métodos y técnicas para la gestión del miedo al medio acuático

"El miedo es mi compañero más fiel, jamás me ha engañado para irse con otro"
Woody Allen

En el siguiente capítulo, nos centraremos en las **principales técnicas y métodos** diseñados para abordar el miedo al medio acuático. Exploraremos una variedad de enfoques terapéuticos y pedagógicos que se han desarrollado para ayudar a las personas a superar su ansiedad y miedo, desde estrategias de desensibilización gradual hasta métodos de intervención cognitivo-conductual. Al comprender estas prácticas, se podrá apreciar cómo cada método contribuye a facilitar una experiencia más agradable y segura en el medio acuático, promoviendo así un aprendizaje más efectivo y una mayor integración de las habilidades acuáticas.

3.1 La gestión del miedo en general

Técnicas para el tratamiento de las fobias

Diversas técnicas psicológicas han demostrado ser efectivas en el tratamiento de las fobias (Del Agua, 1994). Entre ellas destaca la **desensibilización sistemática** (Wolpe, 1961; Tasto, 1987), que facilita el enfrentamiento gradual del niño a su fuente de miedo. Este método implica la creación de una jerarquía de estímulos, desde aquellos que provocan menor temor hasta los que generan mayor ansiedad. El proceso avanza a medida que el niño enfrenta los estímulos sin experimentar miedo; si el temor es excesivo, se regresa al nivel anterior.

La **desensibilización sistemática** consta de cuatro pasos:

1. Recopilación de información sobre el problema.
2. Entrenamiento del niño en técnicas de relajación y conductas alternativas al miedo (como música, juegos, comida, etc.).
3. Elaboración de una lista jerárquica de las situaciones temidas.
4. Avance progresivo por la lista con el niño en estado de relajación

Una variante interesante es la llamada **desensibilización sistemática en grupo**, en la que permite trabajar con varios niños que comparten la misma fobia, siendo particularmente útil en contextos donde es fácil formar grupos homogéneos.

Otra técnica eficaz es la de **imágenes emotivas,** especialmente efectiva a partir de los siete años. Esta técnica también utiliza una jerarquía graduada de estímulos, comenzando con representaciones imaginarias relacionadas con algo que el niño disfrute y que lo motive, como héroes o dibujos favoritos. Se inicia con el primer ítem de la jerarquía y, si el niño experimenta miedo, se regresa al paso anterior. Una variante es la **escenificación emotiva**, en la que el niño interpreta un personaje (héroe) que debe enfrentar situaciones similares a sus temores, recibiendo motivación y reconocimiento por sus logros y valentía.

El **modelado filmado** es otra técnica que utiliza vídeos en los que una persona enfrenta la situación temida. Un ejemplo común es su uso en el contexto de operaciones pediátricas. El modelado con sonoviso combina diapositivas con sonido. En el modelado participante en vivo, un modelo realiza la acción mientras otro con fobia observa, y luego realiza la acción en contacto con el estímulo fóbico. Si el modelo guía físicamente a la persona, se denomina **desensibilización por contacto**.

La implosión consiste en enfrentar directamente al niño con el objeto temido para que experimente que no hay peligro y que puede controlarlo. Sin embargo, esta técnica puede ser contraproducente si el niño no está preparado, ya que puede intensificar su miedo.

Las **intervenciones cognitivas** buscan modificar patrones de pensamiento, creencias irracionales y falsas. Aunque estas intervenciones por sí solas suelen ser menos eficaces, se recomienda combinarlas con la exposición al objeto temido. La "mentalización" mediante frases de autoayuda (como "puedo lograrlo", "no pasa nada", "soy valiente") puede ser útil para enfrentar situaciones temidas.

La **terapia familiar** complementa las técnicas anteriores para evitar procesos desadaptativos, pudiendo ser fundamental para superar los temores de manera exitosa.

Las **terapias farmacológicas** son menos recomendables, especialmente en niños, y deben ser consideradas únicamente en casos graves y bajo estricta supervisión médica, acompañadas siempre de terapia psicológica.

La **biblioterapia y los juegos** han sido diseñados específicamente para la fobia a la oscuridad, utilizando cuentos y juegos que relacionan progresivamente al niño con las situaciones temidas.

Meta-análisis realizados por Orgilés et al. (2002) y Alcázar et al. (2005) concluyen que los tratamientos psicológicos más eficaces para las fobias son el modelado y los programas combinados. En la Figura 15 se presenta un resumen las principales técnicas para el tratamiento de los miedos, junto con una breve descripción y ejemplos o aplicaciones.

Figura 15. Principales técnicas para el tratamiento de los miedos.

Técnica	Descripción	Ejemplos/Aplicaciones
Terapia de exposición	Exposición gradual al estímulo temido en un entorno seguro para reducir la ansiedad asociada.	Jerarquía de miedos, exposición en vivo o en imaginación.
Terapia cognitivo-conductual (TCC)	Identificación y cambio de pensamientos irracionales y conductas desadaptativas relacionados con el miedo.	Reestructuración cognitiva, habilidades de afrontamiento, reforzamiento positivo.
Desensibilización sistemática	Combina la exposición gradual con técnicas de relajación para reemplazar la ansiedad con una respuesta relajada.	Enfrentar gradualmente el miedo a volar mientras se practica relajación muscular.
Técnicas de relajación y mindfulness	Reducción de la activación fisiológica asociada al miedo mediante técnicwas como respiración controlada y atención plena.	Relajación muscular progresiva, respiración diafragmática, prácticas de mindfulness para aceptar el miedo.

Técnica	Descripción	Ejemplos/Aplicaciones
Técnicas de control de imaginación	Uso de la imaginación guiada para enfrentar situaciones temidas antes de enfrentarlas en la realidad.	Imaginación de hablar en público antes de hacerlo en vivo.
EMDR (Reprocesamiento y Desensibilización mediante Movimientos Oculares)	Procesamiento de traumas y miedos mediante estimulación bilateral mientras se trabaja en recuerdos traumáticos.	Útil para miedos relacionados con traumas pasados, como el miedo tras un accidente.
Terapia de aceptación y compromiso (ACT)	Enseña a aceptar emociones relacionadas con el miedo y a enfocarse en acciones alineadas con valores personales.	Afrontar el miedo a fracasar aceptando la emoción, pero avanzando hacia objetivos importantes.
Modelado o aprendizaje por observación	El paciente observa a otra persona (modelo) interactuar con el estímulo temido para aprender que es seguro.	Ver a un instructor nadar con confianza para reducir el miedo al agua.
Refuerzo positivo y economía de fichas	Recompensa conductas que enfrentan el miedo para reforzar comportamientos adaptativos.	Recompensar a un niño por entrar al agua gradualmente.
Psicofarmacología	Uso de medicamentos para manejar miedos severos que interfieren gravemente con la vida diaria.	Ansiolíticos para reducir ansiedad en situaciones específicas; antidepresivos para casos de fobias intensas.

Pautas para el tratamiento de las fobias

De los estudios y documentos revisados se extraen algunas pautas que se presentan a continuación. La aplicación de técnicas como la desensibilización sistemática o las exposiciones en vivo puede presentar limitaciones cuando se trata **de niños menores de 9 años**. Estos métodos pueden no ser tan efectivos debido a las restricciones en habilidades básicas como la atención, la imitación, el pensamiento abstracto y el autocontrol emocional en la presencia de estímulos fóbicos. En estos casos, el tratamiento en formato de juego resulta ser una solución más adecuada. También, los familiares pueden acelerar el proceso de extinción de los miedos infantiles a través de actividades como la lectura o la narración de cuentos, siempre que estas actividades se realicen de manera apropiada durante el desarrollo del niño.

Los **cuentos** relacionados con los miedos infantiles ofrecen una forma de exposición imaginativa basada en técnicas como el contra-condicionamiento, la manipulación de consecuencias, y el aprendizaje social y cognitivo. Las técnicas incluyen:

- **Literatura infantil.** Se publican frecuentemente cuentos diseñados para ayudar a los niños a superar sus miedos. Estos cuentos se pueden combinar con actividades lúdicas relacionadas para ayudar a mitigar el miedo.

- **Historias ad hoc.** Estas son creadas por psicólogos basándose en principios de modificación de conducta para abordar las fobias específicas del niño.

Además, los juegos pueden ser una herramienta efectiva en este proceso. **Juegos divertidos** (por ejemplo, juegos de rol, donde se incorporan escenificaciones emotivas descritas anteriormente y permiten una exposición gradual en vivo a los estímulos temidos dentro de un contexto divertido) pueden funcionar como refuerzos positivos, mientras que **juegos emocionantes** (por ejemplo, juegos de valor, que involucran actividades que permiten al niño enfrentarse a sus miedos de manera progresiva y entretenida) pueden inducir respuestas inhibitorias a la ansiedad.

El entorno educativo del niño es determinante y las estrategias utilizadas pueden acelerar o dificultar la superación del miedo. Hay que enseñar a los niños a distinguir entre situaciones que pueden causar daño físico, social o emocional y las que son inofensivas, para reducir la posibilidad de que estas últimas provoquen ansiedad o fobias futuras. **Algunas pautas para prevenir trastornos de miedo** incluyen (Grande, 2000):

- Proporcionar un ambiente de seguridad afectiva.
- Mantener un clima de calma y firmeza.
- Ofrecer al niño oportunidades para recibir elogios y realizar actividades exitosas y gratificantes.
- Fomentar la independencia del niño.
- Evitar usar el miedo como herramienta disciplinaria.
- Prevenir el aprendizaje de miedos por observación.

- No coaccionar al niño para enfrentarse al objeto temido.
- No reforzar el miedo del niño.
- No dramatizar la situación.
- Permitir al niño enfrentarse a sus miedos de forma gradual.
- Incorporar actividades distractoras y agradables.
- Desmitificar los miedos.
- Minimizar la atención prestada a los miedos nocturnos.
- Evitar despertar al niño durante terrores nocturnos.

3.2 La gestión del miedo en el medio acuático

Aunque la gravedad de las reacciones varía entre las personas, **existen varias opciones de tratamiento que pueden ayudar a aliviar o curar los síntomas del miedo al medio acuático o la acuafobia.** Es recomendable buscar la ayuda de un profesional, ya que las fobias, al ser miedos irracionales, no suelen resolverse simplemente con el auto-convencimiento. Muchas personas con acuafobia son conscientes de que su miedo al agua carece de fundamento, pero superar esta fobia no es sencillo. Los terapeutas pueden guiar a estos a través de diversos ejercicios diseñados para recuperar el control sobre sus vidas.

Dado que no hay dos personas iguales, **no existe un único tratamiento universal para la acuafobia.** Afortunadamente, hay una variedad de terapeutas y tratamientos disponibles, lo que facilita encontrar una solución adecuada para cada persona. El Manual de Diagnóstico y Estadística de los Trastornos Mentales (DSM-5-TR) clasifica el miedo al agua bajo el diagnóstico general de fobia específica, ya que no tiene una categoría específica para la acuafobia.

A continuación, se presentan las principales aportaciones de la literatura sobre el tratamiento del miedo al medio acuático, estructuradas según los siguientes aspectos: seguridad, dimensiones y tipos de vasos, material, papel del docente, entorno familiar, juego y evaluación.

Seguridad

La percepción de seguridad es uno de los factores clave en el miedo al medio acuático. La falta de adaptación en las instalaciones puede causar un rechazo al entorno acuático. Sin embargo, pocas instalaciones acuáticas están diseñadas para abordar las necesidades específicas de quienes temen al medio acuático. Muchas piscinas carecen de características adaptadas como profundidad adecuada, tubos de agarre, escaleras y temperatura apropiada. Por ello, se recomienda seguir las indicaciones de Albarracín y Moreno-Murcia (2018) sobre un código de buenas prácticas en el medio acuático, que incluye directrices para garantizar la máxima seguridad en la práctica acuática.

También se aconseja la lectura del documento titulado "Bases para una educación acuática respetuosa" de Fonseca-Pinto et al. (2024). Es un documento que marca un hito en la historia de la educación acuática en cuanto a los derechos de los participantes en los programas acuáticos. Elaborada por académicos y profesionales de distintas regiones del mundo, la Declaración establece, por primera vez, los derechos en la infancia fundamentales que deberían protegerse en la educación acuática.

Dimensiones y tipos de vasos

La **profundidad de la piscina** influye en la adaptación al medio acuático. Las piscinas de enseñanza, que son poco profundas y de dimensiones reducidas, favorecen una mayor adaptación debido a la sensación de mayor seguridad y confianza. Las personas tienden a adaptarse y evolucionar más rápidamente en piscinas diseñadas para satisfacer sus necesidades.

Material

Los **juguetes** pueden ser herramientas efectivas para crear un ambiente acogedor y familiar, especialmente para los niños. El uso de juguetes puede ayudar a desarrollar confianza, ofrecer seguridad relativa, captar la atención y fomentar la autonomía. Por ejemplo, las gafas pueden evitar irritaciones oculares, aunque su ausencia puede ser un impedimento. De manera similar, los materiales de flotación pueden proporcionar una sensación temporal de flotabilidad, pero esta no será real, ya que depende de un objeto externo.

Papel del educador

El **educador acuático** juega un importante papel como mediador entre el niño y el medio acuático. Debe ayudar a superar el miedo manteniéndose cercano al niño y debe conocer cómo se comporta el cuerpo humano en el agua para transmitir un ambiente seguro y cómodo. La seguridad y la confianza proporcionadas por el docente son esenciales para crear un clima en el que el niño no tema cometer errores ni sentirse ridiculizado. La actitud de apoyo del docente, a través de risas, sonidos y canciones, es fundamental para que el niño se sienta cómodo y participe activamente en las actividades acuáticas.

Entorno familiar

El **entorno familiar** también juega un papel importante en la adaptación al medio acuático. Los niños con un apego seguro tienden a experimentar menos miedo porque enfrentan situaciones estresantes de manera directa. En contraste, un apego evitativo puede tener efectos negativos, impidiendo que el niño exprese sus sentimientos.

Apego seguro. El apego seguro se forma cuando un niño siente que sus necesidades emocionales y físicas son atendidas de manera constante y sensible por sus cuidadores. Esto le permite desarrollar confianza en los demás y en sí mismo. Un niño con apego seguro se siente cómodo explorando su entorno, sabiendo que puede regresar a una figura de apoyo en caso de sentirse inseguro. En el medio acuático, este tipo de apego permite al niño enfrentar nuevos desafíos con menos miedo, ya que confía en la guía y el apoyo del adulto presente.

Apego evitativo. El apego evitativo surge cuando un niño percibe que sus necesidades emocionales no son consistentemente atendidas o son rechazadas por sus cuidadores. Como resultado, el niño tiende a reprimir sus emociones y evita buscar apoyo, incluso en situaciones de estrés o miedo. En el medio acuático, un niño con apego evitativo podría aparentar independencia, pero internamente podría estar experimentando un alto nivel de ansiedad o incomodidad, ya que no confía en que el adulto lo ayudará de manera efectiva. Esto puede dificultar su adaptación y aprendizaje en este entorno.

Es esencial que los niños puedan comunicar sus miedos sin temor a ser avergonzados o a ser forzados a un ritmo de aprendizaje que no es el suyo. Son importantes las estrategias y técnicas de conducta de los padres para reducir el miedo en los hijos, promoviendo comportamientos valientes y disminuyendo las reacciones de evitación. Por ejemplo, Mariana tiene 6 años y, aunque le tiene algo de respeto al medio acuático, no evita por completo la piscina. Su madre la acompaña al borde, la sostiene suavemente y le dice con calma: "Estoy aquí contigo. ¿Quieres salpicar el agua con los pies antes de entrar?". Mariana se siente segura porque su madre escucha sus preocupaciones y no la presiona. Poco a poco, Mariana mete los pies en el agua y, al cabo de unos minutos, decide entrar por la zona de playa. La paciencia y el apoyo emocional de su madre la ayudan a enfrentar su miedo.

El juego

El **juego** es una herramienta fundamental para el desarrollo y la adaptación acuática (Moreno, 2001; Moreno-Murcia, 2024). El juego estimula el crecimiento físico, social y emocional del niño, y como el agua fascina a los niños, el juego con agua contribuye significativamente a su desarrollo y conocimiento. El juego ofrece una vía para liberar energía y emociones, facilitando una adaptación más natural al medio acuático. El enfoque del aprendizaje basado en el juego presenta mejoras significativas en el afrontamiento del miedo al agua en comparación con métodos clásicos. El juego (Figura 16) no solo mantiene la motivación, sino que también reduce la duración del proceso de adaptación al medio acuático (Bovi, 2004).

Figura 16. Evolución del miedo al agua a través del juego (Bovi, 2004).

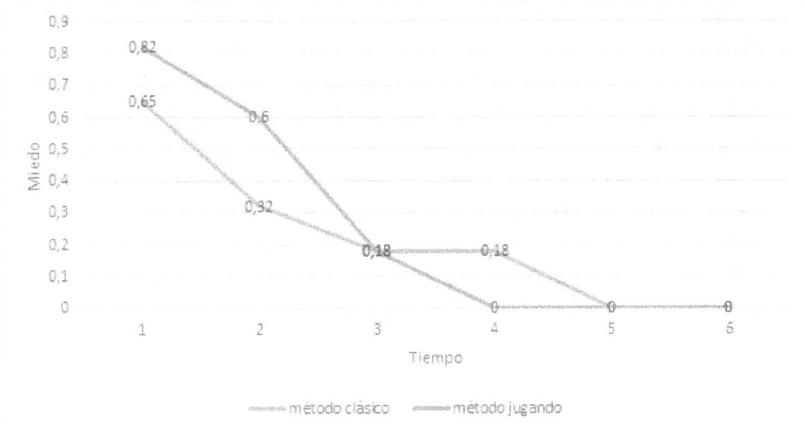

El **juego también puede desempeñar un papel importante en la superación de miedos en los adultos,** pero la aplicación del juego requiere de unas adaptaciones para ser aplicado en jóvenes o niños. Esta diferencia en el aprendizaje no se debe a limitaciones inherentes de la vejez, sino a que los adultos han sido socializados en contextos y bajo influencias diferentes. El tratamiento del miedo a través del juego, combinado con un enfoque grupal, puede reforzar positivamente el proceso de superación de la fobia. Los adultos no solo se adaptan bien a métodos de juegos y actividades cooperativas, sino que también pueden proponer nuevas formas de recreación y bromas que faciliten un ambiente ameno, incorporando nuevos conocimientos y reduciendo el temor. Además, este enfoque puede proporcionar beneficios psicológicos adicionales, como la sensación de sentirse más joven.

Evaluación

La evaluación del miedo debe centrarse en el aprendiz, ya que este es la fuente más directa y genuina de información sobre sus emociones y reacciones. En el caso de los niños, es común que los padres subestimen la gravedad del miedo o malinterpreten sus manifestaciones, lo que refuerza la necesidad de métodos de evaluación que consideren la perspectiva del propio niño. Diversos autores, como se mencionó en el capítulo anterior, han desarrollado herramientas específicas para medir el miedo al medio acuático. Sin embargo, es fundamental reflexionar sobre quién diseña, implementa y pone en práctica estas herramientas. Psicólogos, investigadores, docentes y equipos multidisciplinarios suelen estar involucrados en este proceso, y cada uno aporta perspectivas únicas que enriquecen la comprensión y medición del miedo.

Al brindar recursos para llevar a cabo estas evaluaciones, no se debe perder de vista la necesidad de proteger a los evaluados. Los métodos utilizados deben ser respetuosos, éticos y diseñados para evitar la reproducción mecánica o descontextualizada de instrumentos que podrían no adaptarse a las características o necesidades del aprendiz. En este sentido, es importante advertir que evaluar no es simplemente aplicar un procedimiento, sino un acto reflexivo que debe considerar la individualidad y vulnerabilidad de cada participante, garantizando su bienestar durante todo el proceso.

Entre las propuestas de evaluación se encuentra la entrevista, la observación de la conducta, el inventario del miedo y el diario.

Entrevista. Este método consiste en recopilar información sobre el miedo y establecer una relación con el alumno. Las áreas relevantes a abordar incluyen:

- Respuesta fóbica.
- Estímulo fóbico.
- Reacción de los padres y otras personas.
- Repertorios conductuales ante estas situaciones.
- Historial fóbico.
- Repercusiones negativas de la fobia.

Observación de la conducta. La observación natural puede ser difícil de realizar debido a su infrecuencia o a la evasión de las personas. Se puede optar por una observación artificial, donde se manipula el estímulo fóbico para observar la conducta. Esta puede realizarse mediante dos modalidades: pruebas de evaluación conductual (se presentan estímulos de forma progresiva, de menor a mayor intensidad) y pruebas de tolerancia (se presentan estímulos con gran intensidad desde el principio, sin gradación).

Inventarios de miedos. Estos inventarios contienen listas de estímulos fóbicos, que se evalúan mediante una escala tipo Likert de tres a cinco puntos, que va de menor a mayor miedo. Para niños con habilidades lectoras limitadas, se puede realizar una entrevista o pedir que los padres completen el inventario. Existen varios inventarios en castellano, como el inventario de miedos de Pelechano (1984), el inventario de miedo de Sosa et al. (1993), y el inventario de miedos para niños revisado de Sandín (1997).

Diario. El "diario de control" es un método basado en la terapia cognitivo-comportamental. Su objetivo es estructurar el aprendizaje y hacer consciente a la persona de sus progresos y logros futuros. Este instrumento mide el control y la satisfacción con una puntuación de 0 a 8, y puede incluir valores intermedios (1, 3, 5 y 7). Se recomienda realizar la evaluación una o dos veces al mes para monitorear el progreso en diferentes tareas. En la propuesta de Zumbrunnen y Fouace (2001) se queda recogido un ejemplo de evaluación del control y satisfacción ante el miedo al medio acuático.

Propuestas de programas específicos de miedo al medio acuático

Existen algunas propuestas de programas específicos para el tratamiento del miedo al medio acuático, que se resumen a continuación.

Zumbrunnen y Fouace (2001) proponen el método Halte que es una planificación en etapas para afrontar el miedo al agua, estructurada en tres fases y 12 lecciones (Figura 17).

**Figura 17. Propuesta de Zumbrunnen y Fouace (2001)
para afrontar el miedo al medio acuático.**

1	**2**	**3**
Familiarización	**Nadar**	**Vencer miedo a la profundidad**
6 clases	6 clases	3 clases
Hacer burbujas en el agua. Respirar en el agua. Flotar. Hacer el tonel. Deslizar en el agua. El chapuzón del pato.	Nadar de espalda. Nadar crol. Nadar braza.	Nadar sentado. Saltar y sumergirse. El recorrido acuático completo.

Para ayudar a quienes sufren de acuafobia, **Chang (2014)** ha diseñado un programa estructurado en pasos para familiarizarse con el agua y prevenir que la ansiedad se descontrole cerca de una piscina (Figura 18).

Figura 18. Propuesta de Chang (2014) para familiarizarse con el medio acuático.

1	2	3	4
Crear confianza	**Desmitificar el agua**	**Técnicas de relajación**	**Establecer metas claras**
El enfoque más perjudicial es insistir en que no hay nada que temer. Aunque no compartamos la misma ansiedad, es importante reconocer que la fobia es un pensamiento irracional que no se soluciona minimizando su importancia..	Sugiere hablar abiertamente sobre el agua desde un enfoque científico para ayudar a los que tienen miedo a entender que no hay nada que temer. Por ejemplo, explicar qué ocurre cuando un objeto se sumerge en el agua o cuando entra agua en la nariz.	Esta es una práctica común en el tratamiento de fobias y consiste en preparar psicológicamente al alumno antes de enfrentar el agua. Se puede intentar visualizar previamente lo que sucederá o mantener pensamientos positivos en mente para cuando se esté en el agua.	El proceso puede ser largo y arduo, pero es posible superar el miedo al agua y nadar en áreas donde no se hace pie. Es preferible avanzar gradualmente en lugar de intentar eliminar la ansiedad de golpe, ya que esto puede ser contraproducente. La mejor manera de prevenir situaciones adversas en el agua no es ser excepcionalmente hábil, sino mantener la calma en todo.

En este programa es fundamental evitar forzar a las personas a enfrentar su miedo de manera directa. En su lugar, se debe proporcionar un ambiente agradable y seguro a través del juego.

Por su parte, **Pérez (2010)** presenta unas adecuaciones para evitar el miedo. Para personas con experiencias negativas previas indica evitar repetir la experiencia negativa, adaptar el entorno y las condiciones para crear una experiencia diferente y positiva y ofrecer sesiones previas para observar algunas situaciones en otras clases y luego practicar en piscina poco profunda (Figura 19).

Figura 19. Propuesta para evitar el miedo de Pérez (2010).

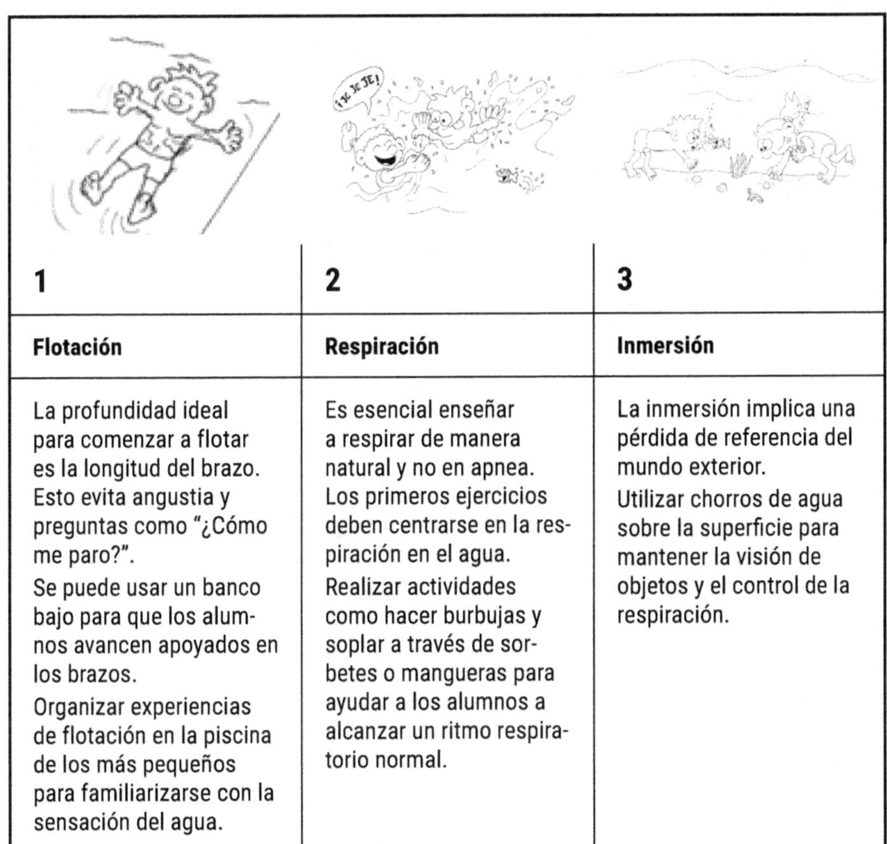

1	2	3
Flotación	**Respiración**	**Inmersión**
La profundidad ideal para comenzar a flotar es la longitud del brazo. Esto evita angustia y preguntas como "¿Cómo me paro?". Se puede usar un banco bajo para que los alumnos avancen apoyados en los brazos. Organizar experiencias de flotación en la piscina de los más pequeños para familiarizarse con la sensación del agua.	Es esencial enseñar a respirar de manera natural y no en apnea. Los primeros ejercicios deben centrarse en la respiración en el agua. Realizar actividades como hacer burbujas y soplar a través de sorbetes o mangueras para ayudar a los alumnos a alcanzar un ritmo respiratorio normal.	La inmersión implica una pérdida de referencia del mundo exterior. Utilizar chorros de agua sobre la superficie para mantener la visión de objetos y el control de la respiración.

Otros autores han tratado el tema del miedo al medio acuático y a continuación, se presenta un resumen de las sugerencias metodológicas para el tratamiento del miedo al medio acuático:

- Mientras que los estilos de enseñanza autoritarios pueden generar más estrés y dependencia del educador, a menudo logran mejores resultados a corto plazo.

- Para abordar eficazmente el miedo, es importante analizar las causas del peligro real y subjetivo, proporcionando un entorno seguro y las ayudas necesarias, como apoyo manual o instrumental en tareas difíciles o arriesgadas, una adaptación progresiva al medio acuático, y la familiarización con las sensaciones básicas a través de una planificación cuidadosa de la progresión en el aprendizaje.

- Entre los recursos metodológicos recomendados, se sugiere utilizar un modelo de aprendizaje por observación o modelado, aplicar el juego como técnica en las primeras etapas del proceso, e implementar actividades cooperativas, especialmente en la adolescencia.

- La actitud del docente juega un papel fundamental en el proceso, debe ser responsable de crear un clima adecuado y garantizar la satisfacción de los alumnos, identificar cuándo surge el miedo, fomentar un entorno motivacional orientado a la tarea, y proporcionar retroalimentación positiva para aumentar la autoeficacia de los estudiantes.

- Es importante evitar castigos por errores o manifestaciones de temor, así como evitar estilos de enseñanza directos que puedan causar estrés y dependencia hacia el educador acuático.

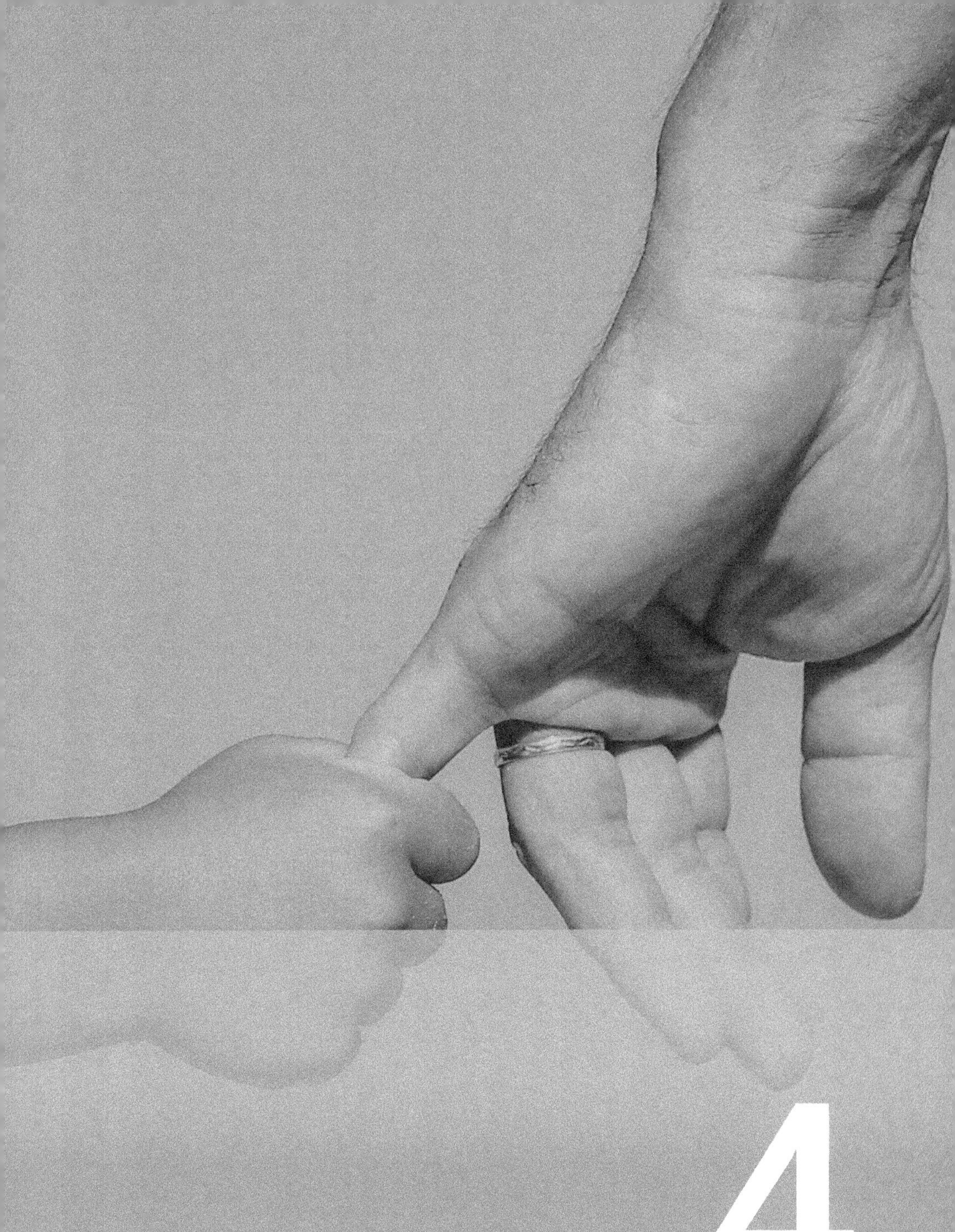

4
Propuesta práctica

4

Propuesta práctica

*"El miedo es es el más ignorante, el más injurioso
y el más cruel de los consejeros"*
Edgard Allan Poe

El miedo al medio acuático no es una experiencia universal entre todos los alumnos, algunos pueden enfrentarlo mientras que otros no muestran señales de temor. Además, este miedo puede manifestarse en distintas situaciones según las experiencias previas, el nivel de exposición al medio acuático y el contexto emocional del niño. Por ejemplo, un alumno puede sentirse seguro en aguas poco profundas, pero experimentar ansiedad en una piscina más profunda o al intentar flotar sin apoyo. Cuando el miedo está presente, su intensidad también varía, desde una leve inseguridad que se supera con facilidad, hasta una fobia más intensa que requiere estrategias específicas de intervención. Reconocer estas diferencias es clave para adaptar el enfoque pedagógico y promover una experiencia agradable en el medio acuático para cada alumno.

En el **proceso de enseñanza en el medio acuático,** especialmente para personas que experimentan miedo al medio acuático, es fundamental adoptar un enfoque que respete el ritmo individual de cada aprendiz. Para empezar, tenemos que reconocer que cada alumno puede tener diferentes niveles de miedo y, por lo tanto, requiere diferentes estrategias de aprendizaje. Algunos pueden necesitar más tiempo y apoyo, mientras que otros pueden avanzar más rápidamente. Este capítulo se centrará en la implementación adaptada para las primeras edades de la desensibilización sistemática y progresiva, una técnica comprobada para abordar el miedo al medio acuático de manera efectiva y cuidadosa.

La **desensibilización sistemática** es una metodología que expone gradualmente a los niños al entorno acuático, permitiéndoles familiarizarse con este sin la presión inmediata de nadar. Este enfoque es particularmente útil para reducir la respuesta automática de miedo gestionada por la amígdala, presentando situaciones temidas de manera repetida en un ambiente seguro y controlado. De este modo, se promueve una transición amigable hacia la confianza en el medio acuático.

A continuación, se detallarán las estrategias en distintas fases, cada una de las cuales se construye sobre la anterior, garantizando una transición fluida y efectiva a medida que los niños ganan experiencia y seguridad. La implementación de estas estrategias se basa en una combinación de **tareas y juegos** diseñados para fomentar una actitud positiva hacia el medio acuático y fortalecer la capacidad de adaptación al entorno acuático.

Para llevar a cabo esta técnica de manera eficaz, el proceso se divide en **cuatro fases específicas** (Figura 20). Cada fase está diseñada para abordar distintos aspectos del miedo al medio acuático, comenzando con una evaluación inicial para comprender las particularidades del miedo de cada persona, hasta la implementación pedagógica de tareas y juegos presentados bajo una forma de enseñar particular, que permitirá de forma gradual y progresiva llegar a aprender a nadar sin miedo.

El enfoque descrito para abordar el miedo al medio acuático se integra dentro de la metodología del **Método Acuático Comprensivo** (Moreno-Murcia y Ruiz, 2019; Moreno-Murcia, 2024), que busca ofrecer una enseñanza adaptada y respetuosa con las necesidades individuales de cada aprendiz. Este método reconoce que el miedo no es una experiencia universal ni uniforme, su manifestación depende de factores como experiencias previas, nivel de exposición al agua y contexto emocional. Al combinar técnicas como la desensibilización sistemática y progresiva con actividades lúdicas y pedagógicas, el Método Acuático Comprensivo ofrece herramientas efectivas para ayudar a los alumnos a superar sus temores de forma gradual y segura. De este modo, no solo se facilita el aprendizaje de habilidades acuáticas, sino que también se fomenta una relación positiva y confiada con el medio acuático, garantizando una experiencia enriquecedora y adaptada a las características de cada persona.

En las siguientes páginas, se presentan las etapas detalladas de este proceso, que guiarán tanto a los educadores acuáticos como a las familias en la tarea de ayudar a los niños y adultos a superar sus miedos y disfrutar de la experiencia de nadar.

Figura 20. Etapas de la enseñanza acuática sin miedo.

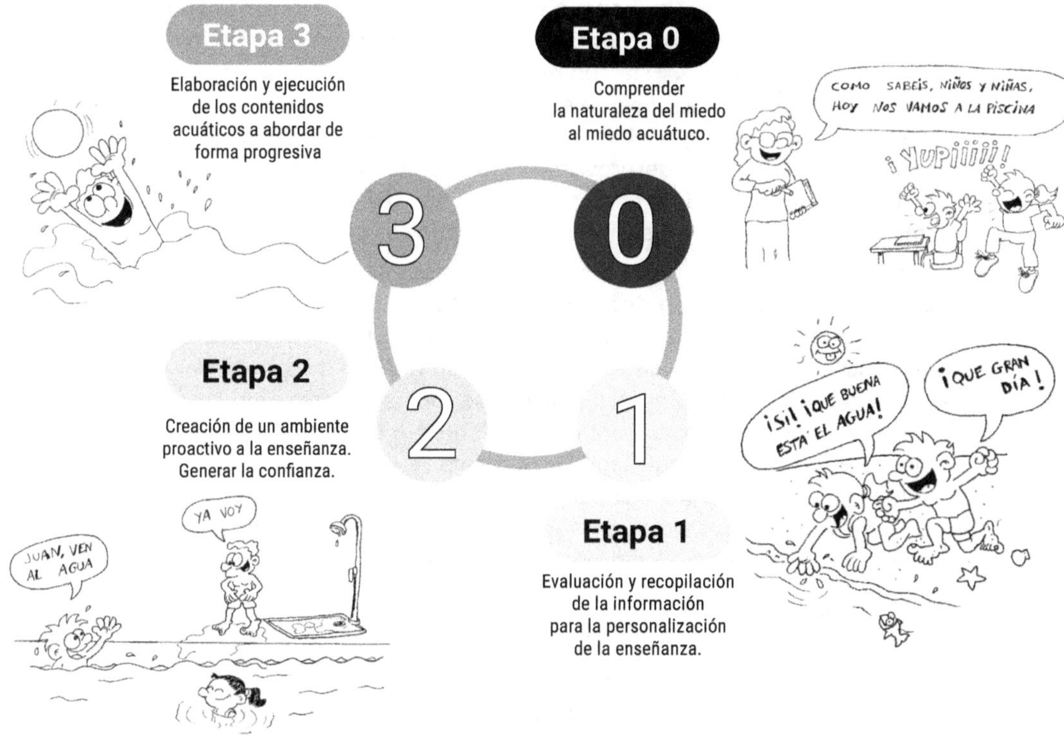

4.1 Etapa 0. Comprender la naturaleza del miedo al medio acuático

Para los educadores acuáticos, es fundamental entender la naturaleza del miedo para abordar de manera efectiva las dificultades que los alumnos puedan experimentar al enfrentarse al medio acuático. El miedo, en su esencia, es una emoción natural y primaria que desempeña un determinante papel en la supervivencia. Se activa como un mecanismo de defensa para protegernos de situaciones percibidas como peligrosas o amenazantes. Este mecanismo, profundamente arraigado en la evolución del ser humano, **se activa para alertarnos y prepararnos para responder a posibles riesgos, garantizando así nuestra seguridad física y emocional.**

En el contexto del aprendizaje acuático, el miedo puede manifestarse de diversas formas: **ansiedad ante la inmersión, temor al ahogo, miedo a la profundidad, temor a la inmensidad del agua o resistencia a la adaptación al medio acuático.** Este miedo no es una debilidad ni una falta de voluntad, sino una respuesta emocional que el cerebro desencadena en función de la percepción de amenaza. Por lo tanto, reconocer que el miedo al agua es una reacción natural y adaptativa permite a los educadores adoptar un enfoque más empático y comprensivo hacia sus alumnos.

La comprensión de cómo funciona el cerebro en la creación del miedo proporciona a los educadores una base científica sólida para abordar y gestionar estos temores. **El cerebro humano, a través de estructuras como la amígdala y el resto del sistema límbico, procesa las señales de amenaza y activa respuestas emocionales y físicas.** Esta comprensión científica ayuda a los educadores a diseñar estrategias que respeten el estado emocional y cognitivo del alumno, favoreciendo entornos agradables y que inviten a la práctica. En lugar de buscar contextos completamente desprovistos de riesgo, como si fueran laboratorios, se debe propiciar una llegada al entorno acuático que sea acogedora y estimulante, permitiendo que los alumnos enfrenten el desafío con seguridad y confianza.

Para una comprensión más profunda del miedo al medio acuático, **se recomienda la lectura detallada y comprensiva del capítulo de este libro dedicado a ello.** Este capítulo ofrece una conceptualización exhaustiva del miedo en el contexto acuático, abordando su explicación según el funcionamiento del cerebro ante determinados estímulos. Al familiarizarse con estos conceptos, los educadores estarán mejor equipados para crear un entorno de aprendizaje que no solo minimice el miedo, sino que también fomente la confianza y el disfrute en el medio acuático. La empatía y la paciencia que surgen de esta comprensión permitirán a los educadores ajustar su enfoque y apoyar a cada alumno en su camino hacia una experiencia agradable y segura en el medio acuático.

Como resumen de ello, se muestra el orden lógico desde la activación del miedo hasta su manifestación física y conductual (Figura 21). Con ello se quiere mostrar qué **mecanismos se activarían ante una situación con miedo y sin miedo.** El orden sería el siguiente:

1. **Estimulación sensorial del medio acuático** (factores ambientales y sensoriales). La llegada al entorno de la piscina marca el inicio de una experiencia que puede estar influida por factores como expectativas previas, creencias personales y el nivel de familiaridad con el medio acuático. Al aproximarse al agua, estos elementos comienzan a interactuar con las sensaciones físicas propias del medio, como la temperatura, la presión o la inmersión. Ante estos estímulos, se desencadenan las primeras señales hacia el cerebro, activando estructuras como la amígdala que determinan si la situación se percibe como segura o amenazante. Si el entorno acuático genera miedo, estas señales amplifican las respuestas emocionales y físicas, dificultando la adaptación, en cambio, si el entorno es percibido agradablemente, las mismas señales pueden fomentar una actitud de exploración y aprendizaje. Por ello, es esencial que el acercamiento al agua se construya de manera gradual y favorable, atendiendo tanto a las expectativas como a las respuestas individuales de cada persona.

    - **Con miedo.** Una persona que tiene miedo se sumerge por primera vez en una piscina. Al sentir el cambio de temperatura, la presión del agua y la sensación de inmersión, su cerebro interpreta estas señales como amenazantes. Esto desencadena una respuesta de estrés, con un aumento en la frecuencia cardíaca y respiratoria, y una sensación de incomodidad o incluso pánico. La experiencia sensorial se amplifica desagradablemente debido al miedo, lo que puede llevar a una reacción de evitación del medio acuático en futuras ocasiones.

    - **Sin miedo.** Una persona que se siente cómoda ante los factores ambientales que le rodean y se sumerge en la misma piscina. Al experimentar las sensaciones de inmersión, temperatura y presión, su cerebro las interpreta como normales y hasta placenteras. No hay respuesta de estrés, sino que se siente relajada, disfrutando de la experiencia sensorial del agua. Sin miedo, la persona puede concentrarse mejor en moverse y adaptarse al entorno acuático, lo que fomenta una actitud positiva hacia futuras actividades en el agua.

2. **Proceso neuroquímico. Neurotransmisores involucrados.** Cuando se detecta el miedo se produce una activación del sistema nervioso simpático. Representación de cómo esto desencadena la respuesta de "lucha o huida". Es cuando se liberan las hormonas del estrés, que es la forma en que nuestro cuerpo se prepara para enfrentar situaciones fuera de lo común, generando una explosión de energía y concentración. Cuando este estrés es puntual, puede ser positivo, ya que nos ayuda a superar desafíos (eustrés). Sin embargo, cuando se prolonga indefinidamente, se convierte en distrés, un tipo de estrés negativo que puede ser dañino. El funcionamiento de algunos neurotransmisores queda reflejado en la Figura 22.

Figura 22. Funcionamiento de los neurotransmisores según la percepción del miedo al medio acuático.

Neurotransmisores	Con miedo	Sin miedo	Cómo pasar de tener miedo a no tener miedo
Dopamina	**Niveles reducidos,** disminuyendo la sensación de placer y aumentando la ansiedad en el entorno acuático.	**Niveles elevados,** promoviendo sensaciones de placer y motivación para explorar y disfrutar del medio acuático.	Introducir refuerzos positivos, actividades acuáticas lúdicas y metas alcanzables que incrementen la motivación y la recompensa emocional.
Serotonina	**Niveles bajos,** contribuyendo a la ansiedad y el malestar en el medio acuático.	**Niveles equilibrados,** favoreciendo un estado de ánimo positivo y relajación en el entorno acuático.	Proporcionar un ambiente seguro, prácticas de relajación antes de entrar al agua y validar las emociones del participante.
Noradrenalina (Norepinefrina)	**Niveles elevados,** activando la respuesta de lucha o huida e incrementando el estado de alerta y ansiedad en el medio acuático.	Niveles moderados, manteniendo un estado de alerta apropiado sin excesiva ansiedad.	Practicar una exposición gradual al agua con ejercicios de respiración para reducir la sobreactivación del sistema nervioso.
Adrenalina (Epinefrina)	**Liberación intensa,** provocando respuestas fisiológicas de estrés agudo como taquicardia y sudoración.	**Niveles bajos,** permitiendo una experiencia acuática sin activación excesiva del sistema nervioso simpático.	Fomentar un acercamiento lento al agua con apoyo emocional y evitar situaciones que desencadenen estrés intenso.
Endorfinas	**Producción limitada,** reduciendo la capacidad de experimentar bienestar en el medio acuático.	**Liberación aumentada,** especialmente durante actividades acuáticas placenteras, promoviendo sensaciones de bienestar y relajación.	Incorporar juegos acuáticos, actividades grupales y recompensas que generen diversión y alivien tensiones.
Oxitocina	**Niveles reducidos,** dificultando la sensación de seguridad y confort en el entorno acuático.	**Niveles elevados,** especialmente en actividades acuáticas sociales, favoreciendo sentimientos de confianza y placer.	Fomentar la conexión social con instructores o compañeros en el agua para generar confianza y reducir el miedo.
Acetilcolina	**Puede verse afectada,** interfiriendo con la coordinación motora y el aprendizaje de habilidades acuáticas.	**Funciona óptimamente,** facilitando el aprendizaje de nuevas habilidades acuáticas y la memoria muscular.	Establecer tareas sencillas que promuevan el control motor gradual y una práctica constante sin presiones excesivas.

3. Vías neuronales. Estructura cerebral (Áreas cerebrales clave). Estas estructuras trabajan en conjunto para gestionar nuestra respuesta al miedo, pero cuando se activa el miedo, su funcionamiento normal se ve alterado. En particular, los núcleos amigdalinos, que son esenciales para la detección del peligro, bloquean la actividad del hipocampo y de los lóbulos prefrontales (Figura 23).

**Figura 23. Funcionamiento de las áreas cerebrales
según la percepción del miedo al medio acuático.**

Áreas cerebrales	Con miedo	Sin miedo
Interacción entre estructuras	Se **fortalecen las vías neuronales** entre el hipocampo y la amígdala, reforzando la "memoria del miedo" asociada al contexto acuático. La comunicación entre la amígdala y la corteza prefrontal puede verse alterada, priorizando las respuestas emocionales.	Se **mantiene un equilibrio** en la comunicación entre estas estructuras. La corteza prefrontal puede regular eficazmente la actividad de la amígdala, mientras que el hipocampo proporciona contexto sin activar respuestas de miedo intenso.
Amígdala	Se activa de forma rápida e intensa, desencadenando respuestas automáticas de **lucha o huida**. La amígdala lateral vincula la información sensorial con el estímulo acuático temido, mientras que el núcleo central envía señales para activar respuestas fisiológicas de estrés.	Mantiene un **nivel de activación bajo**, permitiendo una evaluación más equilibrada del entorno acuático. Puede asociar el medio acuático con experiencias positivas, facilitando la calma y el disfrute.
Hipocampo. Tálamo. Hipotálamo	El **hipocampo** relaciona las sensaciones actuales con recuerdos negativos previos, intensificando el miedo. El **tálamo** transmite rápidamente información sensorial a la amígdala, mientras que el hipotálamo activa la respuesta de estrés.	El **hipocampo** evoca recuerdos positivos o neutros relacionados con experiencias acuáticas. El tálamo procesa la información sensorial de manera más completa, y el hipotálamo mantiene un estado de homeostasis sin activar una respuesta de estrés significativa.
Corteza prefrontal	Su **función** de evaluación racional puede verse disminuida, con una comunicación asimétrica con la amígdala. Las respuestas emocionales pueden predominar sobre el razonamiento lógico, dificultando la evaluación objetiva del riesgo real en el entorno acuático.	Mantiene una **evaluación racional y equilibrada** de la situación acuática. Puede modular eficazmente la actividad de la amígdala, permitiendo una percepción más precisa del entorno y facilitando la toma de decisiones adecuadas.

4. Ondas electroencefalográficas. En una situación acuática sin miedo, se observará un equilibrio saludable entre estas ondas cerebrales, favoreciendo la calma, la atención, el aprendizaje y el disfrute del entorno acuático. En contraste, una situación de miedo alterará este equilibrio, promoviendo estados de ansiedad y dificultando la adaptación al medio acuático (Figura 24).

Figura 24. Funcionamiento de las ondas cerebrales según la percepción del miedo al medio acuático.

Orden	Con miedo	Sin miedo
Ondas Delta (0.5-4 Hz)	**Pueden aumentar,** asociándose con un estado de alerta profunda o ansiedad paralizante.	**Se mantienen** bajas durante la vigilia, aumentando solo en sueño profundo o meditación intensa.
Ondas Theta (4-8 Hz)	**Pueden incrementarse,** relacionándose con estados de ansiedad y recuerdos traumáticos relacionados con el agua.	Se asocian con **relajación profunda,** creatividad y acceso a recuerdos positivos relacionados con experiencias acuáticas.
Ondas Alfa (8-13 Hz)	**Disminuirán significativamente,** indicando un estado de alerta y tensión.	**Aumentarán,** promoviendo un estado de relajación y reducción del estrés, preparando el cerebro para un aprendizaje óptimo en el entorno acuático.
Ondas Beta (13-30 Hz)	**Se intensificarán,** especialmente en las frecuencias más altas (Beta alta), reflejando un estado de alerta excesiva y ansiedad.	**Se mantendrán** en un nivel moderado, permitiendo tomar decisiones y resolver problemas de manera efectiva en el entorno acuático.
Ondas Gamma (30-100 Hz)	**Pueden aumentar** en ciertas regiones cerebrales, particularmente en la amígdala, relacionándose con el procesamiento intenso de la amenaza percibida.	**Se asocian** con el procesamiento de información compleja, la percepción consciente y la toma de decisiones rápidas y eficientes en el medio acuático.

5. Aspectos psicológicos. Las respuestas psicológicas ante el medio acuático también varían considerablemente según si la persona experimenta miedo o no. En una situación de miedo, pueden aparecer pensamientos negativos, ansiedad o inseguridad, lo que afecta la capacidad de concentración y genera una sensación de falta de control. Esto puede llevar a una mayor percepción de amenaza y malestar en el agua. Por el contrario, cuando no hay miedo, la persona se siente confiada, tranquila y con una actitud abierta hacia la experiencia, lo que favorece la concentración, el disfrute y una actitud positiva ante el entorno acuático (Figura 25).

Figura 25. Funcionamiento de los aspectos psicológicos según la percepción del miedo al medio acuático.

Orden	Con miedo	Sin miedo
Pensamientos intrusivos	Frecuentes visualizaciones de **ideas catastróficas sobre** ahogamiento o peligros acuáticos. Pensamientos recurrentes como "Me voy a ahogar" o "El agua es peligrosa" dominan la experiencia mental.	**Pensamientos agradables** o neutros sobre la actividad acuática. Pueden incluir anticipación de diversión, relajación o logro de metas deportivas.
Distorsiones cognitivas	Exageración de los **peligros potenciales** del medio acuático. Aplicar experiencias negativas pasadas a todas las situaciones acuáticas. Enfocarse solo en los aspectos peligrosos del entorno acuático.	**Evaluación realista** de los riesgos y beneficios del entorno acuático. Capacidad para distinguir entre diferentes situaciones acuáticas. Percepción equilibrada, reconociendo tanto los aspectos positivos como los desafíos del medio acuático.
Mecanismos de evitación	**Evitación activa** de situaciones relacionadas con el medio acuático (playas, piscinas, etc.). Excusas frecuentes para no participar en actividades acuáticas. Ansiedad anticipatoria ante la mera idea de acercarse al agua.	**Disposición a participar** en actividades acuáticas. Planificación activa de experiencias en el medio acuático. Capacidad para enfrentar desafíos acuáticos de manera gradual y controlada.
Autoeficacia percibida	**Baja confianza** en la capacidad propia para manejar situaciones acuáticas, incluso en condiciones seguras.	**Confianza** en las habilidades personales para disfrutar y manejar el entorno acuático de manera segura.
Procesamiento emocional	Predominio de **emociones desagradables** como miedo, ansiedad y pánico al pensar o estar en contacto con el medio acuático.	Presencia de **emociones agradables** como alegría, entusiasmo y tranquilidad en relación con las actividades acuáticas.
Atención y concentración	**Hipervigilancia** hacia posibles amenazas en el entorno acuático, dificultando la concentración en otros aspectos.	**Atención equilibrada**, capaz de disfrutar del entorno y mantener una conciencia adecuada de la seguridad.

6. Reacciones fisiológicas. Las reacciones fisiológicas ante una situación en el medio acuático pueden variar significativamente dependiendo de si la persona experimenta miedo o no. El miedo activa el sistema nervioso simpático, desencadenando respuestas como aumento de la frecuencia cardíaca, respiración acelerada y tensión muscular, preparándose el cuerpo para una posible "huida" del entorno neuropercibido (respuesta polivagal del sistema) como peligroso. En contraste, cuando no hay miedo, el sistema nervioso parasimpático predomina, favoreciendo un estado de relajación, con respiración y pulso controlados, lo que permite disfrutar y adaptarse mejor al entorno acuático. Estas reacciones reflejan cómo la percepción de amenaza o seguridad impacta directamente en las respuestas físicas (Figura 26).

Figura 26. Funcionamiento de las reacciones fisiológicas según la neuropercepción del miedo al medio acuático.

Reacciones fisiológicas	Con miedo	Sin miedo
Frecuencia cardíaca y respiratoria	**Aumento significativo** debido a la liberación de adrenalina, pudiendo llegar a taquicardia e hiperventilación.	**Tensión adecuada** para la actividad acuática, permitiendo movimientos fluidos y controlados.
Tensión muscular	**Alta tensión**, preparando el cuerpo para la respuesta de lucha o huida, pudiendo causar rigidez y dificultad de movimiento en el medio acuático.	**Tensión adecuada** para la actividad acuática, permitiendo movimientos fluidos y controlados.
Comportamiento en el agua.	Tendencia a **evitar** en el medio acuático o entrar en pánico al contacto con ella, con movimientos bruscos o inmovilidad.	**Entrada confiada** en el medio acuático, con movimientos coordinados y disfrute de la actividad acuática.
Dilatación de pupilas y bronquios	**Dilatación pronunciada**, aumentando la percepción visual y la capacidad respiratoria como respuesta al estrés.	**Dilatación moderada** adaptada a las condiciones de luz y a la demanda de oxígeno de la actividad acuática.
Presión arterial	**Aumento significativo**, pudiendo alcanzar niveles de hipertensión temporal.	**Ligero aumento** adaptativo al ejercicio acuático, manteniéndose en rangos normales.
Flujo de glucosa a los músculos	**Incremento rápido** y significativo, preparando los músculos para una acción intensa y rápida.	**Aumento gradual** y moderado, adecuado para la demanda energética de la actividad acuática.
Sudoración	**Aumento notable**, especialmente en las palmas de las manos y plantas de los pies, incluso antes de entrar al agua.	**Sudoración normal** adaptada al ejercicio y temperatura del entorno acuático.
Digestión	**Ralentización o interrupción** de los procesos digestivos debido a la activación del sistema nervioso simpático.	**Funcionamiento digestivo normal**, sin alteraciones significativas.

7. Interacciones psicofisiológicas (Ciclo de retroalimentación)

Las interacciones psicofisiológicas en el medio acuático reflejan un ciclo de retroalimentación que puede ser agradable o desagradable, dependiendo de la presencia de miedo. Cuando una persona siente miedo, las reacciones fisiológicas, como el aumento de la frecuencia cardíaca y la tensión muscular, alimentan pensamientos de ansiedad y preocupación, lo que puede intensificar la sensación de peligro y malestar en el agua. Este ciclo puede llevar a una mayor evitación del entorno acuático. En contraste, cuando no hay miedo, la persona experimenta reacciones fisiológicas relajadas, como una respiración controlada y una frecuencia cardíaca estable, que fomentan pensamientos positivos y una actitud de confianza. Esta retroalimentación positiva promueve una mayor disposición a explorar y disfrutar del medio acuático, creando una experiencia más enriquecedora y placentera (Figura 27)

Figura 27. Funcionamiento de las interacciones psicofisiológicas según la percepción del miedo al medio acuático.

Reacciones fisiológicas	 Con miedo	 Sin miedo
Interacciones psicofisiológicas	Amplificación de la amenaza percibida, llevando a una **espiral de ansiedad** creciente.	Fomenta una experiencia cada vez más **positiva y enriquecedora** en el medio acuático.

Figura 21. Descripción de las respuestas del organismo desde la activación del miedo hasta su manifestación física y conductual.

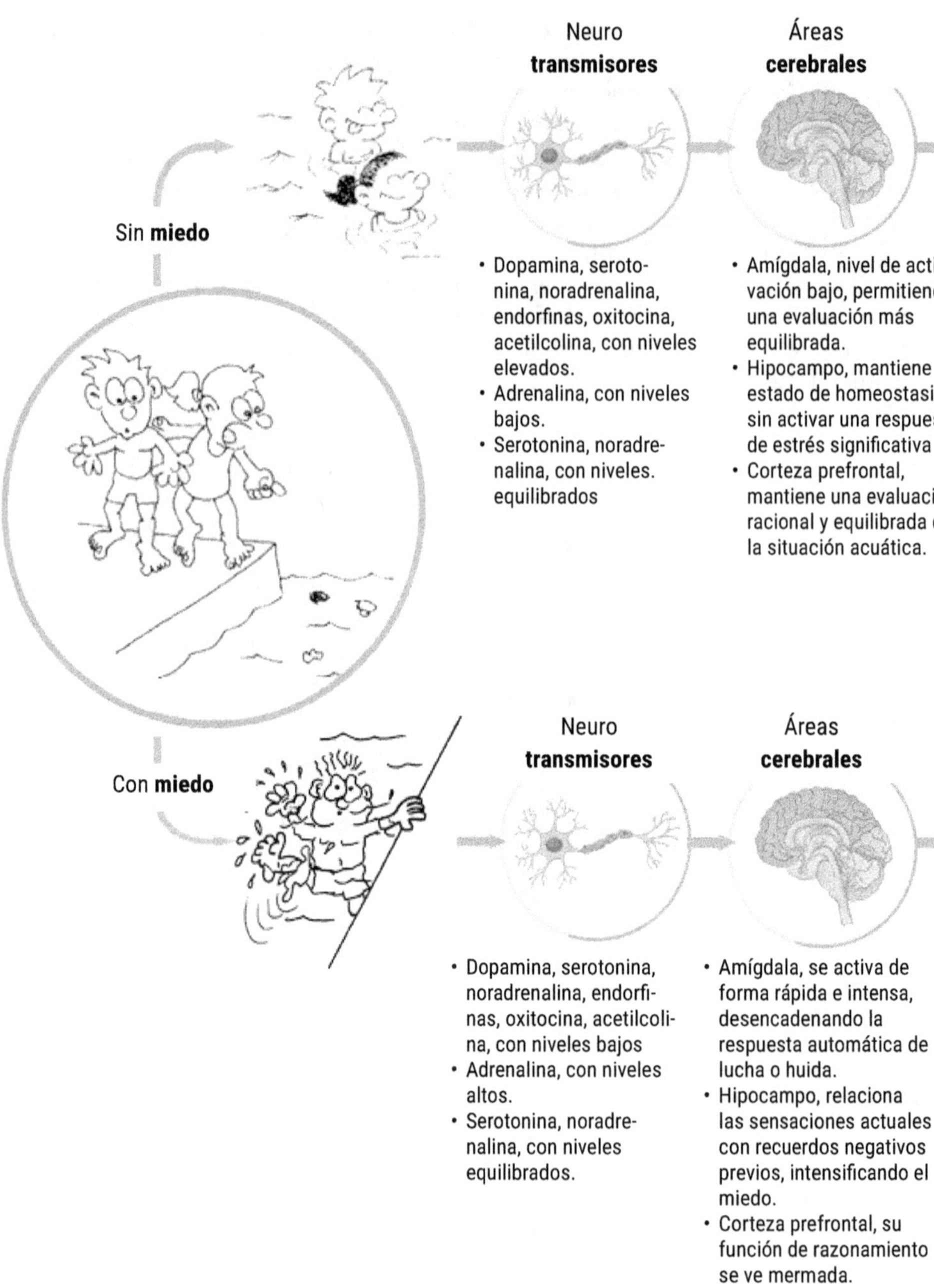

Ondas **electroencefalográficas**	Acciones **psicológicas**	Reacciones **fisiológicas**

- Aumento de las ondas Gamma y Alfa.
- Descenso de las ondas Delta.
- Mantenimiento de las ondas Theta y Beta.

- Pensamientos intrusivos positivos.
- Distorsiones cognitivas, evaluación realista.
- Mecanismos de evitación, disposición a participar.
- Autoeficacia percibida, alta confianza.
- Procesamiento emocional positivo.
- Atención y concentración equilibradas.

- Frecuencia cardíaca y respiratoria, aumento con rangos saludables.
- Tensión muscular adecuada.
- Comportamiento en
- el medio acuático, entrada confiada al agua.
- Dilatación de pupilas y bronquios, adaptada.
- Presión arterial, adaptada en rangos normales.
- Flujo de glucosa a los músculos, aumento gradual y moderado.
- Sudoración normal.
- Digestión, normal.

Experiencia almacenada como **agradable**

Experiencia almacenada como **desagradable**

Ondas **electroencefalográficas**	Acciones **psicológicas**	Reacciones **fisiológicas**

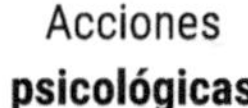  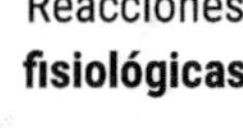 

- Aumento de las ondas Delta, Theta, Beta y Gamma.
- Descenso de las ondas Alfa.

- Pensamientos intrusivos con visualizaciones de ideas catastróficas.
- Distorsiones cognitivas, exageración de los peligros potenciales.
- Mecanismos de evitación activa de situaciones acuáticas.
- Autoeficacia percibida de baja confianza.
- Procesamiento emocional negativo.
- Atención y concentración, hipervigilancia ante posibles amenazas.

- Frecuencia cardíaca y respiratoria, aumento significativo.
- Tensión muscular alta, con rigidez
- Comportamiento en el medio acuático, evitar la entrada.
- Dilatación de pupilas y bronquios, pronunciada.
- Presión arterial, aumenta significativamente.
- Flujo de glucosa a los músculos, incremento rápido y significativo.
- Sudoración, aumenta notablemente.
- Digestión, ralentización.

4.2 Etapa 1. Evaluación y recopilación de información para la personalización de la enseñanza

El primer paso consiste en realizar una evaluación inicial detallada del niño, lo cual incluye entrevistas tanto con el niño como con sus familiares. Es esencial comprender la naturaleza específica del miedo al medio acuático, las experiencias previas, y las percepciones familiares al respecto. Esta información formará la base para diseñar un plan de desensibilización personalizado y servirá para situar a la persona en una posición exacta del miedo al medio acuático, ya que no todas las personas van a tener el mismo nivel de ansiedad o miedo.

La **evaluación del progreso** en el tratamiento del miedo al medio acuático debe enfocarse en la experiencia individual del aprendiz. En un contexto pedagógico más amplio, esto implica utilizar métodos de evaluación que consideren no solo los resultados de las pruebas de medición de la competencia acuática, sino también el bienestar emocional y el ritmo de aprendizaje personal del alumno.

Es ideal **realizar una evaluación inicial**, antes de comenzar la enseñanza, para determinar el nivel de miedo que experimentan los aprendices. Esta evaluación inicial proporciona una base para adaptar el ritmo y el enfoque de la enseñanza a las necesidades particulares de cada aprendiz. Los aprendices que presentan niveles elevados de miedo requieren un enfoque gradual y personalizado. Esto puede implicar sesiones individuales o en pequeños grupos, con actividades diseñadas para construir confianza de manera progresiva y segura. La adaptación del método debe centrarse en reducir la ansiedad de forma controlada y ofrecer apoyos que fomenten el progreso en un ambiente de soporte.

A lo largo del proceso también es necesario seguir registrando datos relativos a la evolución del miedo en el participante. Por lo que la **evaluación continua** nos proporcionará una información detallada sobre el problema y nos ayuda a identificar las variables que contribuyen a la persistencia del miedo. Este conocimiento es esencial para planificar y ajustar el tratamiento de manera efectiva. Al entender las dinámicas individuales del miedo, podemos diseñar estrategias más precisas y adecuadas, asegurando así un proceso de aprendizaje más eficiente y personalizado para cada alumno.

Así, la propuesta de evaluación se centra en las entrevistas, los cuestionarios y el diario (Figura 28).

Figura 28. Herramientas de medición del miedo al medio acuático.

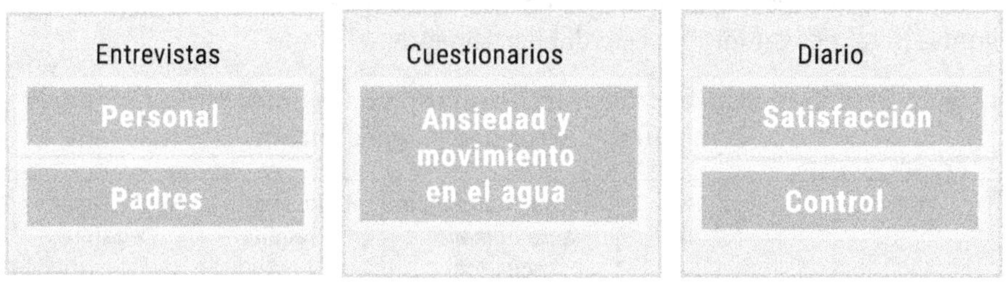

Entrevista

El proceso de evaluación comienza con una entrevista directa con la persona, en el caso de ser un niño también se llevará a cabo una entrevista con sus padres, ambas por separado.

Entrevista con los padres. Con ella sabremos las situaciones que preceden a esta conducta de miedo, además de obtener información de las reacciones que tienen los padres y otros miembros familiares cuando el niño manifiesta su miedo. A continuación, vamos a detallar unas preguntan que pueden servir de ayuda para la recogida de información (Figura 29 a).

Figura 29 a. Entrevista a los padres. Adaptación de la entrevista a padres para el miedo a la oscuridad (Orgilés, 2014).

Estímulo fóbico	Reacción del niño ante el medio acuático	Reacción de los padres	Historia del problema	Repercusiones negativas
• ¿Vuestro hijo tiene miedo a cualquier situación donde esté presente el agua? • ¿Frente a que situaciones suele tener más miedo?	Cuando tiene miedo: • ¿Cómo reacciona? • ¿Qué dice que le ocurre? • ¿Qué síntomas físicos observáis en vuestro hijo? • ¿Cómo calificarías la intensidad de su miedo? (de 0 a 10).	• ¿Qué hacéis cuando tiene miedo?	• ¿Desde cuándo le ocurre? • ¿Ocurrió algo en concreto y a partir de ahí comenzó a tener miedo? • ¿Cómo ha evolucionado su miedo? • ¿Es la primera vez que buscáis ayuda para solucionarlo?	• ¿Cómo le afecta el miedo al medio acuático? (problemas en el colegio, amigos, etc.) • ¿Cómo os afecta a vosotros?

Entrevista con la persona. Se pretende establecer una relación positiva y animar y motivar para iniciar el programa. En la Figura 29 b se detallan algunas preguntas para recoger información del participante.

Figura 29 b. Entrevista a los padres. Adaptación de la entrevista a niños para el miedo a la oscuridad (Orgilés, 2014).

Motivo	Estímulo fóbico	Reacción del niño ante el medio acuático	Reacción de la familia	Repercusiones negativas
• Entablar una conversación positiva. • Explicar que se le va a ayudar para que cese el miedo y que te gustaría saber que le pasa cuando siente miedo.	• ¿A que tienes miedo? (a que te entre agua en los ojos, nariz, ahogarte, etc.).	• Cuando tienes miedo: • ¿Qué haces? • ¿Qué piensas cuando tienes miedo? • ¿Qué sientes en tu cuerpo? • ¿Cómo calificarías la intensidad del miedo? (de 0 a 10).	• ¿Qué hacen tus padres o las personas que están contigo cuando tienes miedo?	En el centro: • ¿Tienes algún problema con las personas que te rodean (amigos/ compañeros, profesores/ jefe, etc.)? • ¿Tienes algún problema en casa?

Cuestionarios

Se presenta el **instrumento de evaluación del miedo al medio acuático para niños de 3 a 6 años** desarrollado por Moreno-Murcia y colaboradores en 2020 que proporciona una evaluación integral de los factores que pueden generar miedo al medio acuático en niños pequeños. Abarca aspectos sociales, personales y ambientales. Se estructura en cinco dimensiones principales (Figura 30):

- **Factores sociales.** Esta dimensión examina cómo el entorno social del niño influye en su percepción del miedo al agua. Incluye la influencia de padres, compañeros e instructores en la formación de actitudes hacia el medio acuático.
- **Experiencias previas.** Analiza el impacto de las vivencias pasadas del niño en entornos acuáticos, especialmente aquellas que pudieron haber sido negativas o traumáticas, en la generación del miedo.
- **Actitud personal.** Evalúa la predisposición emocional del niño hacia el agua, considerando si tiene una actitud positiva o negativa frente al medio acuático.
- **Equipamiento e instalaciones.** Se enfoca en cómo los elementos físicos, como el equipo acuático utilizado (flotadores, colchonetas) y las características de las instalaciones (profundidad, tamaño de la piscina), afectan el nivel de miedo del niño.
- **Autopercepción de competencia.** Examina la relación entre la percepción que tiene el niño de sus propias habilidades acuáticas y su nivel de miedo. Una baja autopercepción de competencia tiende a asociarse con un mayor miedo al agua.

Figura 30. Ítems del cuestionario de medición del miedo al medio acuático (Moreno-Murcia et al., 2020).

AICS1.
Cuando vas a nadar
tus padres están…

A. Contentos   B. Tristes

AICS2.
Cuando tus padres
te dejan sólo en el vestuario…

A. Te dejan solo y no quieres ir   B. Te dejan contento

AICS3.
Cuando llegas a la piscina
y ves a tus compañeros…

A. Se ponen contento por verte   B. No te dicen nada

AICS4.
Cuando llegas
y se acerca tu profesor…

A. No te gusta   B. Te gusta

AICS5.
Cuando estás en la piscina
y no tocas el fondo…

A. Nadas sin problema   B. Te asustas

AICS6.
Cuando estás en la piscina...

A. Te asustas　　　　B. Te lo pasas bien

AICS7.
Cuando estás en la piscina
y te lanzan al agua...

A. Te lo pasas bien　　　　B. No quieres que te lancen

AICS8.
Cuando estás dentro
del agua...

A. Quieres salir rápido　　　　B. Te quieres quedar más tiempo

AICS9.
Cuando llegas a la piscina

A. Te cambias y entras contento　　　　B. No quieres entrar y lloras

AICS10.
Cuando te toca entrar al agua...

B. No te gusta　　　　A. Te gusta

AICS11.
Cuando vas a la piscina…

A. Vas contento

B. Vas triste

AICS12.
¿Cuánto te gusta nadar?

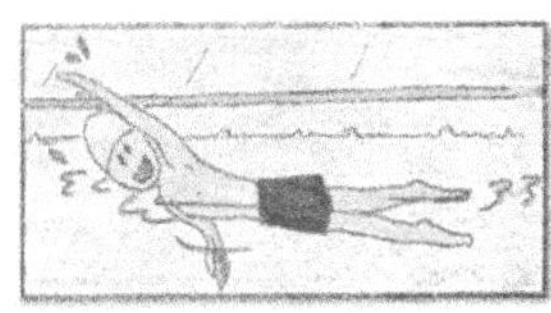

A. Nada

B. Mucho

AICS13.
Cuando la piscina
es profunda…

B. Te asustas
y no quieres bañarte

A. Te bañas sin problemas

AICS14.
Si la piscina es grande…

A. No te gusta

B. Te gusta

AICS15.
Cuando el profesor
saca la colchoneta
para pasar por encima, tú...

A. La pasas el primero

B. No quieres pasarla

AICS16.
Cuando toca saltar al agua...

A. Te sientas en el bordillo
y te metes preocupado
porque no sabes

B. Te lo pasas bien

AICS17.
Te gusta más nadar...

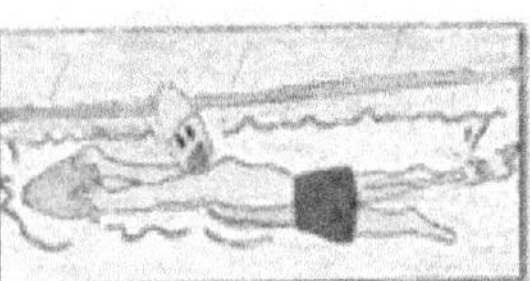

A. Con material

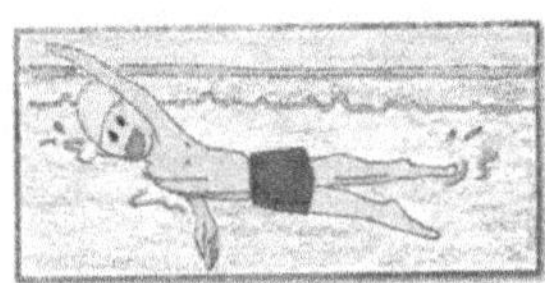

B. Tu solito

AICS18.
Cuando hay que nadar lejos,
tú...

A. Te quedas parado porque
no sabes

B. Avanzas en el agua muy bien

En la Figura 31 se presenta la forma del cálculo del miedo al medio acuático por dimensiones. Una posible interpretación de los resultados de la escala del miedo al medio acuático podría ser la siguiente:

- **Cuando los aprendices obtienen puntuaciones más elevadas en la dimensión de factores sociales**, se puede inferir que su miedo al agua está fuertemente influenciado por su entorno social. Por ejemplo, si los padres, compañeros o educadores presentan actitudes negativas hacia el medio acuático o generan presión sobre el niño, esto puede contribuir al desarrollo de miedo. En cambio, si las influencias sociales son positivas, se espera que el niño muestre menos miedo y se sienta más seguro en el entorno acuático.

- **Si las puntuaciones son más altas en experiencias previas,** se puede interpretar que las vivencias negativas o traumáticas en el pasado, como incidentes de pánico o accidentes en el agua, son las principales responsables del miedo que siente el niño. En estos casos, la aversión hacia el agua puede estar profundamente enraizada en recuerdos desagradables que generen ansiedad o temor al medio acuático.

- **Cuando se observan puntuaciones altas en la actitud personal**, se puede concluir que el niño tiene una predisposición negativa hacia el agua. Es decir, su miedo no depende tanto de factores externos, sino de cómo se siente emocionalmente frente al medio acuático. Una actitud negativa suele estar vinculada con la sensación de inseguridad o incomodidad, lo que puede llevar a evitar el contacto con el agua.

- **En la dimensión de equipamiento e instalaciones, si se obtienen puntuaciones elevadas**, se podrá inferir que el miedo al agua está relacionado con la percepción de que los materiales de apoyo (como flotadores o colchonetas) y las características físicas del entorno (como la profundidad o el tamaño de la piscina) no son adecuadas o seguras para el niño. El desconocimiento del uso del equipamiento o una instalación que parezca intimidante pueden agravar el nivel de miedo.

- **Si las puntuaciones son más altas en la autopercepción de competencia**, se podrá anticipar que el niño percibe sus habilidades acuáticas como deficientes o insuficientes, lo cual incrementa su temor al agua. En estos casos, la falta de confianza en su capacidad para desenvolverse en el medio acuático puede generar ansiedad y evitar que disfrute de la actividad en el agua.

- **El miedo total al medio acuático, calculado como la media de todas las dimensiones de miedo evaluadas, ofrece una visión general de cómo se manifiesta el temor en el niño de forma global.** Este resultado compuesto integra diversas áreas que contribuyen al miedo, lo que permite una comprensión más amplia de los factores involucrados. Por ejemplo, el miedo total puede explicarse como el resultado de la combinación de las influencias sociales, las experiencias previas, la actitud personal, la percepción del entorno físico y la autopercepción de competencia del niño. Si un niño presenta puntuaciones elevadas en todas estas áreas, su miedo total será más alto, lo que sugiere que el miedo está siendo alimentado por múltiples factores de forma simultánea. En cambio, si alguna de estas dimensiones puntúa más bajo, es posible que el miedo total también sea menor, lo que indica que el temor del niño está más localizado en áreas específicas. Esto significa que el miedo total no es un fenómeno aislado, sino que está determinado por el conjunto de experiencias, percepciones y actitudes del niño frente al medio acuático. Por lo tanto, el miedo total es una medida integradora que refleja cómo estos factores se combinan para formar el nivel general de temor al agua. Cuanto más homogénea y alta sea la puntuación en las diferentes dimensiones, mayor será el miedo total, y viceversa.

Figura 31. Fórmula para el cálculo del miedo al medio acuático.

MOTIVACIÓN	ÍTEMS	PUNTUACIÓN						
Influencia del contexto social	1-4	____ + Ítem 1	____ + Ítem 2	____ + Ítem 3	____ = Ítem 4	____ Subtotal	/ 4=	____ Total 1
Influencia de las experiencias	5-8	____ + Ítem 5	____ + Ítem 6	____ + Ítem 7	____ = Ítem 8	____ Subtotal	/ 4=	----------- Total 2
Influencia de la actitud	9-12	____ + Ítem 9	____ + Ítem 10	____ + Ítem 11	____ = Ítem 12	____ Subtotal	/ 4=	____ Total 3
Influencia del equipamiento	13-15	____ + Ítem 13	____ + Ítem 14	____ = Ítem 15	____ Subtotal	/ 3 =		____ Total 4
Influencia de la competencia	16-18	____ + Ítem 16	____ + Ítem 17	____ = Ítem 18	____ Subtotal	/ 3 =		____ Total 5
Miedo total		____ + Total 1	____ + Total 2	____ + Total 3	____ + Total 4	____ = Total 5	____ Subtotal	/ 5 = ____ Total miedo

Diario

Esta evaluación será cumplimentada en casa, donde la persona deberá anotar los progresos que va realizando día a día, con el objetivo de motivar y hacer consciente de avances que se van realizando.

El diario es una adaptación utilizada en el método Halte (Zumbrunnen y Fouace, 2001), y está compuesto por dos partes, una primera parte, común a todas las personas, donde anotarán las primeras sesiones y la segunda parte donde se presentarán las acciones de la lista realizada que será individualizada en función de los resultados de la evaluación y de las características personales de la persona.

En los ítems del diario, aparecerán las acciones que la persona irá realizando en las sesiones durante el programa acuático, esta ha de indicar si ha sido capaz de llevar a cabo o no en la tarea y la ansiedad que le ha causado. Mide el control y satisfacción con una puntuación de 0-8, para ver el progreso en diferentes ejercicios.

En el caso de los niños, únicamente en el apartado de control se anotará de forma afirmativa o negativa, es decir, si han sido capaces de llevar a cabo la acción o no. Y en el apartado de satisfacción se sustituirá por una escala pictórica de caritas (contento/triste) con el mismo valor, será rellenada a través de una pegatina.

El diario siempre lo cumplimentarán en presencia y con ayuda de los padres, para solventar cualquier duda o problema que les pueda surgir. Es necesario que con los más pequeños la familia se implique en la recogida de esta información (Figura 32).

Valoración	Control (C)	Satisfacción (S)
0	Incapaz de intentarlo	Totalmente desagradable
2	Sin éxito	Un poco desagradable
4	Algo de éxito	Algo desagradable
6	Bastante éxito	Bastante agradable
8	Completamente dominado	Muy agradable

Figura 32. Escala de satisfacción de niños.

Ejemplos de ítems-Diario control

	Evaluación	C	S	C	S	C	S
1	Ha conocido al educador y hablado con los padres.						
2	Ha hablado con el educador sobre el problema con el agua.						
3	He entendido cual es el problema y porque ocurre.						
4	Ha comprendido el objeto de los juegos que se van a realizar.						
5	Ha conseguido superar el juego de respirar.						
6	Ha realizado juegos y actividades que le ayudan a relajarse.						
7	Ha creado e inventado un cuento/historia junto con el educador.						
Exposición: fase 1		C	S	C	S	C	S
8	Se ha divertido en el juego fuera de la piscina.						
9	Puede hacer burbujitas con la boca en un barreño en el borde de la piscina.						
10	Ha pescado todos los peces, sentado en el borde de la piscina.						
11	Se ha introducido en la piscina sujetado por el educador						
n	Se pueden incluir los ítems que se consideren...						

4.3 Etapa 2. Creación de un ambiente seguro, agradable y de apoyo en la enseñanza acuática. Generar la confianza

Conseguir la confianza del aprendiz que siente miedo al medio acuático es esencial para su éxito en el aprendizaje de habilidades acuáticas. El miedo al medio acuático puede ser una barrera significativa que impide el progreso y, en algunos casos, puede incluso reforzarse si no se maneja adecuadamente. Para superar este obstáculo, es importante que el educador acuático, conociendo el funcionamiento del cerebro del ser humano ante el miedo, desarrolle una relación de confianza con el aprendiz, creando un ambiente seguro, positivo y de apoyo desde el primer contacto, donde las experiencias prácticas puedan almacenarse en la memoria de forma agradable.

Por ello, un primer paso es tener alguna herramienta que permita gestionar la emoción del miedo cada vez que se presente en los participantes. Con la intención de facilitar una estrategia pedagógica en este sentido en la Figura 33 se presenta un abordaje organizado según unas fases planteadas y adaptadas al rol del educador acuático para guiar a los alumnos en el procesamiento del miedo al medio acuático. Esta guiará al educador acuático a trabajar de manera estructurada y empática con el miedo al medio acuático, respetando el proceso emocional del alumno y ayudándolo a construir confianza y seguridad.

Figura 33. Fases en la gestión de la emoción del miedo en el medio acuático.

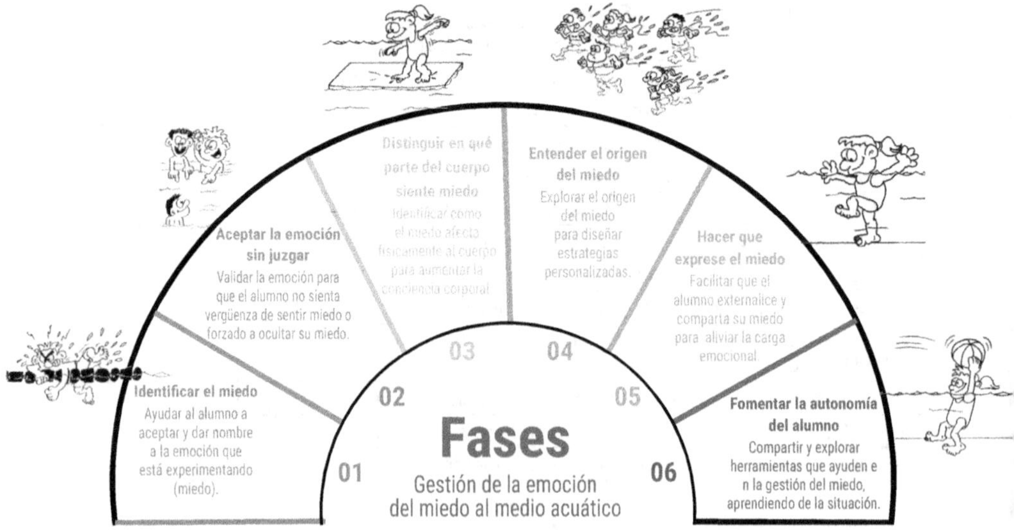

Según el estudio de Moreno-Murcia et al. (2020), los principales miedos al medio acuático en niños se jerarquizan de la siguiente manera: las autopercepciones de competencia son el factor más importante, ya que una baja percepción de las propias habilidades incrementa significativamente el miedo; las experiencias previas, especialmente las negativas o traumáticas, también juegan un rol importante al influir directamente en la disposición del niño hacia el agua; el equipamiento e instalaciones, como el uso de materiales de flotación o la percepción de la profundidad de la piscina, pueden aumentar o disminuir la sensación de seguridad; los factores sociales, como la influencia de padres, compañeros e educadores, afectan cómo el niño interpreta y enfrenta el miedo; y las actitudes personales hacia el medio acuático, dependiendo de si el niño se acerca con curiosidad o ansiedad, moldean su experiencia. Este orden de importancia refleja cómo los aspectos internos y externos interactúan para formar la percepción del medio acuático. En las Figuras 34, 35, 36, 37 y 38 se presentan ejemplos aplicados a cada factor según las fases de gestión de la emoción del miedo al medio acuático.

Figura 34. Ejemplo de gestión de la emoción del miedo en el medio acuático relacionado con factores de evitación de la competencia acuática.

Fase	Objetivo	Acciones del educador	Importancia
Identificar el miedo	Ayudar al alumno a reconocer cómo percibe sus habilidades acuáticas.	- Preguntar: "¿Crees que puedes mantenerte a flote? ¿Qué te da más seguridad o inseguridad en la piscina?" - Observar su reacción al intentar nuevas actividades acuáticas.	Permite al educador detectar inseguridades específicas que pueden abordarse con tareas concretas.
Entender el origen del miedo	Identificar cómo su percepción de competencia influye en su miedo.	- Explorar: "¿Qué crees que te falta aprender para sentirte más seguro en el agua?" - Introducir actividades que refuercen habilidades fundamentales, como flotar o moverse en aguas poco profundas.	Ayuda a construir un plan basado en su nivel actual de competencia, reforzando áreas clave.
Fomentar la autonomía	Desarrollar confianza mediante pequeños logros que refuercen su percepción de habilidad.	- Felicitar avances específicos: "¡Has aprendido a meter la cara en el agua, eso es fantástico!" - Establecer metas alcanzables que incrementen gradualmente su confianza.	Refuerza la autoestima y motiva al alumno a enfrentarse al agua con una actitud más positiva y segura.

Figura 35. Ejemplo de gestión de la emoción del miedo en el medio acuático relacionado con factores de evitación de experiencias previas.

Fase	Objetivo	Acciones del educador	Importancia
Identificar el miedo	Ayudar al niño a reconocer cómo una experiencia pasada está afectando su percepción actual.	- Preguntar: "¿Hay algo que recuerdes del medio acuático que te haya hecho sentir incómodo?" - Utilizar ejemplos: "A veces las personas sienten miedo porque algo pasó antes, ¿es tu caso?"	Reconocer la conexión entre experiencias previas y emociones actuales permite contextualizar el miedo.
Entender el origen del miedo	Identificar el evento o situación específica que generó el miedo para abordarlo directamente.	- Explorar con empatía: "¿Recuerdas si fue algo como caer al agua o no saber flotar lo que te preocupó?" - Reasegurar: "Eso no tiene por qué pasar otra vez. Estoy aquí para ayudarte a evitarlo".	Comprender el origen permite diseñar estrategias específicas para superar el miedo, mostrando al niño que es posible prevenir experiencias similares.
Fomentar la autonomía	Ayudar al alumno a transformar esa experiencia desagradable en aprendizaje.	- Proponer: "¿Qué crees que puedes aprender de esa situación para sentirte más seguro ahora?" - Introducir ejercicios progresivos en un entorno controlado, reforzando la seguridad.	Refuerza la capacidad del niño para enfrentar situaciones desafiantes y usar su experiencia como herramienta de aprendizaje.

Figura 36. Ejemplo de gestión de la emoción del miedo en el medio acuático relacionado con factores de evitación al equipamiento e instalaciones.

Fase	Objetivo	Acciones del educador	Importancia
Identificar el miedo	Ayudar al alumno a reconocer qué aspectos del entorno físico generan inseguridad.	- Preguntar: "¿Te asusta el tamaño de la piscina o que no puedas tocar el fondo?" - Observar cómo interactúa con el equipo, como chalecos o flotadores.	Identificar elementos específicos permite ajustar el entorno para que sea menos intimidante.
Entender el origen del miedo	Examinar cómo características como la profundidad o el tamaño de la piscina influyen en su percepción del miedo.	- Explicar: "La piscina tiene diferentes profundidades. Podemos empezar en una parte donde te sientas más seguro". - Permitir que explore el equipo en tierra antes de usarlo en el medio acuático.	Reducir el impacto de factores externos permite al niño concentrarse en su aprendizaje y no en el entorno.
Fomentar la autonomía	Enseñar a utilizar el equipo como herramienta de seguridad y confianza.	- Mostrar cómo los materiales de flotación o chalecos funcionan para mantenerlo seguro. - Alentar a probar el equipo gradualmente: "¿Te gustaría usar esto	El uso efectivo del equipamiento refuerza la confianza y disminuye el miedo al agua.

Figura 37. Ejemplo de la gestión de la emoción del miedo en el medio acuático relacionado con factores de evitación sociales.

Fase	Objetivo	Acciones del educador	Importancia
Identificar el miedo	Ayudar al alumno a identificar cómo las personas a su alrededor influyen en su percepción del agua.	- Preguntar: "¿Qué piensas cuando ves a tus amigos nadar? ¿Te sientes igual o diferente?" - Compartir ejemplos de experiencias positivas de otros niños para normalizar el aprendizaje.	Reconocer cómo los comentarios o acciones de los demás influyen en el miedo ayuda al alumno a separar sus propios sentimientos de las presiones externas. Permite al alumno comprender que es normal sentirse diferente y que no está solo en su experiencia.
Aceptar la emoción sin juzgar	Validar que las influencias sociales pueden generar miedo y que es válido sentirlo.	- Asegurarle: "A veces ver a otros nos hace sentir inseguros, pero eso no significa que no puedas intentarlo". - Crear un ambiente grupal inclusivo donde nadie sea juzgado por su nivel.	Comprender el origen permite diseñar estrategias específicas para superar el miedo, mostrando al niño que es posible prevenir experiencias similares.
Fomentar la autonomía	Ayudar al niño a desarrollar confianza en su habilidad, independientemente de las opiniones externas.	- Alentar la autoevaluación: "¿Cómo crees que puedes mejorar por ti mismo, sin compararte?" - Celebrar logros individuales, evitando comparaciones con otros niños.	Refuerza la idea de que el progreso personal es más importante que la validación externa, empoderando al niño.

Figura 38. Ejemplo de gestión de la emoción del miedo en el medio acuático relacionado con factores de evitación por actitud personal.

Fase	Objetivo	Acciones del educador	Importancia
Identificar el miedo	Ayudar al alumno a identificar su predisposición emocional hacia el medio acuático.	- Preguntar: "¿Cómo te sientes cuando ves la piscina? ¿Es algo que te emociona o te asusta?" - Observar su lenguaje corporal para detectar signos de ansiedad.	Permite entender si el miedo se debe a una percepción desagradable generalizada o a factores específicos.
Aceptar la emoción sin juzgar	Validar cualquier emoción que el niño exprese para fomentar confianza.	- Decir: "Es normal que algunas cosas nos gusten más que otras. Podemos trabajar juntos para que la piscina no te asuste tanto". - Ofrecer alternativas seguras que se alineen con su nivel de comodidad.	La validación ayuda al niño a sentirse comprendido y disminuye la presión de cambiar su actitud de inmediato.
Fomentar la autonomía	Promover un cambio positivo en su actitud a través de experiencias agradables en el medio acuático.	- Celebrar cada paso: "Hoy te mojaste los pies, ¡eso es un gran avance!". - Introducir actividades divertidas relacionadas con el agua a través de juegos.	Refuerza la asociación del medio acuático con experiencias agradables, cambiando la predisposición del niño.

Principios de un ambiente seguro y de apoyo

Clima de seguridad y tranquilidad. Las pautas educativas deben centrarse en crear un entorno que transmita seguridad y tranquilidad. Esto ayuda al niño a desarrollar confianza en sí mismo y a adquirir habilidades de control frente a situaciones que inicialmente parecen amenazantes. Es vital evitar la sobreprotección, promoviendo una independencia adecuada a cada etapa del desarrollo. Los educadores deben diseñar espacios adecuados y preparar emocionalmente a los alumnos, garantizando así un proceso de enseñanza adaptado a sus necesidades. Comenzar las clases en un ambiente controlado y predecible ayuda a reducir el miedo. Iniciar en la orilla o en áreas menos profundas de la piscina y usar materiales de apoyo visuales son prácticas efectivas para construir seguridad de forma progresiva (es posible que con algunos niños no se entre el primer día en el agua). Al finalizar la clase, incorporar la reflexión. Después de cada tarea, bloque de tareas o sesión, como reflejan las Figuras 33 y 34, se debe permitir a los alumnos reflexionar sobre lo que han experimentado y darles la oportunidad de expresar sus miedos o preocupaciones. La retroalimentación constructiva puede ayudar a los educadores a ajustar sus métodos y a los alumnos a comprender mejor su progreso.

Evitar el uso del miedo como herramienta disciplinaria. El miedo no debe utilizarse como un medio de disciplina. Mostrar miedo frente a los niños puede llevar a un aprendizaje desagradable por observación. El rol del docente va más allá de la transmisión de conocimientos. Incluye la función de mediador y facilitador, ofreciendo apoyo emocional y creando un ambiente de confianza. Los docentes deben estar atentos a las necesidades emocionales de los aprendices y proporcionar apoyo personalizado, esencial para generar confianza.

Evitar las coacciones, los castigos y los refuerzos vinculados al miedo. El miedo al medio acuático es un desafío significativo en el aprendizaje de habilidades acuáticas, y el uso de castigos para abordar este miedo puede ser contraproducente y perjudicial. La falta de formación adecuada en el análisis aplicado de la conducta entre algunos educadores puede llevar a la implementación de castigos como una medida rápida y sencilla para corregir comportamientos no deseados, como la resistencia al entrar al medio acuático o la evitación de ciertas actividades. Sin embargo, esta estrategia no solo suele fallar en reducir el comportamiento temido, sino que puede exacerbar el miedo y generar un ambiente de tensión y desconfianza.

Cuando un aprendiz es castigado por su miedo al medio acuático (por ejemplo, un niño de 7 años, que siente miedo al agua, se niega a sumergirse en la piscina durante una clase. En respuesta, el educador acuático, molesto por su aparente falta de cooperación, le dice en tono severo: "si no entras ahora mismo al agua, tendrás que quedarte a un lado y mirar cómo los demás se divierten. No vas a participar en nada divertido si sigues actuando así". Este tipo de castigo activa la amígdala del niño, intensificando su miedo y su percepción de amenaza. En lugar de sentir apoyo para enfrentar su temor, el niño experimenta vergüenza y aislamiento, lo que refuerza su reacción instintiva de huir o congelarse frente al entorno acuático y se activan las partes más primitivas del cerebro, aquellas que están relacionadas con la supervivencia, como la amígdala, que responde con reacciones instintivas: atacar, huir o paralizarse. Este tipo de respuesta emocional dificulta enormemente la capacidad del aprendiz para procesar el aprendizaje racional y superar sus temores. En lugar de sentirse seguro y apoyado, el aprendiz puede desarrollar sentimientos de frustración, rabia o impotencia, lo que fortalece su aversión al medio acuático en lugar de disminuirla. En futuras sesiones, es probable que su miedo aumente, asociando el agua no solo con inseguridad, sino también con experiencias emocionales desagradables.

Además, el castigo no enseña al aprendiz cómo afrontar su miedo de manera constructiva. No proporciona las herramientas ni los comportamientos alternativos necesarios para superar el miedo de forma efectiva. El resultado es que el miedo persiste o se internaliza aún más, afectando la autoestima y la confianza del aprendiz. Esto puede llevar a una dependencia excesiva del educador o inclso a una renuncia total al proceso de aprendizaje acuático.

Por otro lado, las investigaciones demuestran que los métodos basados en el refuerzo positivo son mucho más efectivos para abordar el miedo al medio acuático. Estos métodos, que incluyen elogios, recompensas y la celebración de pequeños logros, ayudan a construir la confianza y la seguridad del aprendiz. Al centrarse en lo que el aprendiz hace bien y alentar comportamientos positivos, se crea un entorno de aprendizaje seguro y motivador que facilita la superación del miedo al medio acuático. Por la relación que puede presentar el abordaje pedagógico de esta relación, a continuación, se profundiza en su posible utilización.

La decisión de emplear el castigo en la enseñanza a nadar puede estar estrechamente vinculada al tipo de enfoque pedagógico que se elija: una enseñanza autoritaria o una enseñanza basada en la colaboración y el respeto mutuo. Esta elección no solo afecta la autoridad y la disciplina que se pretende instaurar en el proceso de aprendizaje, sino también la manera en que se fomenta la responsabilidad y la autonomía de los aprendices. Enseñar a nadar no es solo una cuestión técnica, sino una oportunidad para inculcar valores morales y éticos que contribuirán al desarrollo integral de los aprendices, preparándolos para asumir responsabilidades en su vida adulta y comprender las implicaciones de sus acciones, tanto dentro como fuera del agua.

La comprensión de la función del castigo y el refuerzo es clave para mejorar las estrategias de enseñanza. El castigo tiene como objetivo reducir o eliminar una conducta, mientras que el positivo busca aumentar o mantener conductas deseables. Enseñar a nadar es una habilidad esencial que proporciona no solo un medio de recreación, sino también una herramienta vital para la seguridad personal. Sin embargo, es importante abordar este aprendizaje con sensibilidad y comprensión, evitando prácticas que recurran a castigos o técnicas coercitivas.

En este apartado, exploraremos las mejores estrategias para enseñar a nadar, subrayando la importancia de un enfoque positivo y respetuoso, y analizaremos por qué los castigos pueden ser contraproducentes en el proceso de aprendizaje.

Técnica de modificación de conducta

La **técnica de modificación de conducta** es un enfoque basado en los principios del aprendizaje conductual, cuyo objetivo es cambiar comportamientos específicos mediante la aplicación de técnicas operantes (Martin y Pear, 2008). Estas técnicas incluyen el uso de refuerzos y castigos para aumentar o disminuir la frecuencia de ciertas conductas. La modificación de conducta se centra en observar y medir el comportamiento observable y utilizar intervenciones específicas para promover cambios positivos. Los componentes clave de la modificación de conducta son:

1. **Identificación del comportamiento objetivo**. Se selecciona la conducta que se desea cambiar, ya sea para aumentar una conducta deseada o disminuir una indeseada.

2. **Evaluación inicial.** Se realiza una evaluación para entender las condiciones bajo las cuales ocurre el comportamiento, incluyendo factores ambientales, antecedentes y consecuencias.

3. **Establecimiento de un plan de intervención.** Se diseña una estrategia específica para modificar el comportamiento. Esta estrategia puede incluir técnicas como:

   - **Reforzamiento positivo**. Introducir un estímulo agradable después de la conducta deseada para aumentar su frecuencia. Por ejemplo, cuando un niño logra nadar una distancia corta sin ayuda, el educador lo elogia y le otorga un pequeño premio, como una pegatina o un descanso adicional. Esto motiva al niño a seguir esforzándose en futuras clases.

   - **Reforzamiento negativo**. Retirar un estímulo desagradable tras la conducta deseada para aumentar su frecuencia. Por ejemplo, un niño que muestra temor al agua es animado a meter la cara en el agua. Al hacerlo, el educador deja de pedirle que realice tareas que le resultan incómodos, como practicar repetidamente la respiración/inmersión, disminuyendo así su ansiedad. El niño aprende que superar su temor conduce a una experiencia más agradable.

   - **Castigo positivo**. Introducir un estímulo desagradable después de una conducta indeseada para reducir su frecuencia. Por ejemplo, si un niño salpica agua intencionalmente a otros compañeros durante la clase, el educador lo hace salir de la piscina por unos minutos como advertencia. Este estímulo desagradable pretende reducir la conducta indeseada.

- **Castigo negativo**. Retirar un estímulo agradable tras una conducta indeseada para reducir su frecuencia. Por ejemplo, un niño que había ganado tiempo adicional de juego por su buen comportamiento lo pierde después de ignorar las indicaciones del educador durante la clase. La retirada del refuerzo agradable busca que el niño entienda las consecuencias de su comportamiento.
- **Extinción**. Ignorar o no reforzar una conducta indeseada para que disminuya con el tiempo. Por ejemplo, si un niño comienza a hacer ruidos para llamar la atención del educador, pero este decide ignorarlo y continúa la clase sin prestarle atención, el niño eventualmente dejará de hacerlo al no recibir el refuerzo deseado.
- **Coste de respuesta**. Implica la eliminación temporal de un refuerzo positivo para reducir una conducta indeseable. Aunque similar al castigo negativo, la diferencia radica en que el coste de respuesta se aplica a un reforzador que el niño ya posee. Por ejemplo, si un niño que previamente había ganado una recompensa, como elegir un juego al final de la clase, comienza a distraerse y no sigue las indicaciones, se le retira esta opción, con la intención de que comprenda la importancia de mantener una conducta adecuada.
- **Economía de fichas**. En este sistema, se refuerzan tanto las conductas agradables como la ausencia de conductas desagradables. Se firma un contrato en el que se acuerda qué conductas se deben evitar y cuáles serán las recompensas o consecuencias. Por ejemplo, en un sistema donde los niños ganan fichas por comportamientos positivos, como completar un recorrido acuático sin ayuda, se establece un acuerdo para canjear estas fichas por una recompensa, como elegir una actividad especial al final del mes. Si el niño no sigue las reglas, se le quitan fichas, incentivando así la buena conducta.
- **Contratos de contingencia**. Se establece un contrato entre el alumno y el educador, detallando las acciones que el alumno debe realizar y las consecuencias asociadas. Aunque similar a la economía de fichas, esta técnica no involucra fichas, sino que se acuerdan directamente las conductas permitidas y sus recompensas o castigos. Por ejemplo, un educador y un niño acuerdan que, si el niño nada sin distraerse durante toda la clase, recibirá una recompensa específica, como elegir un juego o actividad. Sin embargo, si no sigue las indicaciones, perderá ese beneficio. Este contrato refuerza el compromiso del niño con su propio aprendizaje.

4. **Implementación y monitoreo**. Se aplica el plan de intervención y se monitorean los resultados para asegurar que la técnica esté funcionando como se espera.

5. **Evaluación y ajuste**. Se evalúan los resultados de la intervención y se realizan ajustes según sea necesario para mejorar la efectividad del plan.

¿Cómo afectan los castigos al cerebro del aprendiz? Cuando se castiga a un niño, su cerebro reacciona activando determinadas zonas cerebrales responsables de los instintos de supervivencia. Esto provoca respuestas automáticas, como atacar, huir o quedarse paralizado. A nivel neuroquímico, se liberan grandes cantidades de adrenalina y cortisol, las cuales dificultan el pensamiento racional y promueven respuestas emocionales impulsivas.

Esta activación de las estructuras instintivas y emocionales del cerebro dificulta que el niño pueda conectar con las áreas más racionales, ubicadas en su parte superior, que son las que permiten el razonamiento y el desarrollo de un pensamiento crítico. Como resultado, el aprendizaje se ve seriamente afectado, ya que el niño no está en condiciones óptimas para reflexionar sobre su comportamiento o para entender cómo mejorarlo.

- **Dificultades para aprender**. El castigo, además de activar las respuestas instintivas, no proporciona alternativas de comportamiento adecuadas. Esto significa que, aunque un niño pueda dejar de hacer algo incorrecto por miedo al castigo, no aprende cómo actuar de manera correcta, ya que no se le ofrecen modelos de conducta apropiados. En lugar de facilitar el aprendizaje, el castigo genera un entorno en el que el niño responde de manera instintiva y emocional, dificultando el desarrollo de un razonamiento crítico y la adquisición de nuevas habilidades.

- **Impacto del castigo en el desarrollo intelectual.** Más allá de los efectos inmediatos en el cerebro, el castigo también tiene un impacto negativo en el desarrollo intelectual de los niños. Investigaciones han demostrado que los niños que no reciben castigos físicos tienen un cociente intelectual más alto que aquellos que sí los reciben. Un estudio realizado por la Universidad de New Hampshire encontró que los niños que no fueron castigados físicamente mostraron un cociente intelectual 5 puntos más alto que los niños castigados, y que, a mayor frecuencia de castigos físicos, mayor es el retraso en las habilidades cognitivas.

Este hallazgo resalta cómo el castigo, en lugar de ser una herramienta educativa efectiva, puede tener consecuencias negativas a largo plazo en el desarrollo cognitivo de los niños. Incluso los castigos físicos leves, si se aplican con frecuencia, pueden afectar negativamente el cociente intelectual.

¿Es útil el castigo para enseñar a nadar? Las evidencias muestran que el castigo, ya sea físico o verbal, activa las partes más primitivas del cerebro, dificultando un abordaje racional de la situación y un análisis crítico de las acciones. Además, el castigo puede perjudicar la autoestima de los niños, ya que no se trata de una estrategia que promueva la enseñanza, sino más bien una que corrige o sanciona sin ofrecer una alternativa positiva.

Al enseñar a nadar, es fundamental utilizar estrategias que promuevan la comprensión, el respeto y el desarrollo de habilidades a través del refuerzo positivo.

A pesar de que **los castigos pueden tener un efecto inmediato en la corrección de comportamientos, no son tan efectivos para generar una comprensión interna y duradera de las reglas o comportamientos adecuados.**

Castigar a los niños: ¿Funciona? Los padres y educadores suelen desear que los niños sean buenos compañeros, comprensivos, amorosos y felices. Sin embargo, los estudios han demostrado que el castigo solo actúa sobre el comportamiento inmediato, sin modificar la conducta a largo plazo. Aunque puede parecer que el castigo resuelve un problema de comportamiento de manera rápida, en realidad, no logra que el niño interiorice el aprendizaje o reflexione sobre la experiencia.

Un ejemplo común es cuando se castiga a un niño por no hacer las tareas debido a su miedo al medio acuático, y su explicación se limita a "porque la profe me castiga" o "porque mi mamá se enfada conmigo". Esto evidencia que el castigo no está funcionando como una herramienta de aprendizaje, ya que no fomenta la comprensión sobre las verdaderas razones detrás de la importancia de enfrentar sus temores o completar las tareas.

Consecuencias del castigo como método de aprendizaje:

- **Dificulta la comunicación.** El uso de castigos como gritos, amenazas o silencios genera un ambiente en el que la comunicación entre el niño y el adulto se ve obstaculizada. Los niños tienden a evitar a la persona que los castiga, lo que afecta negativamente la relación y la confianza.

- **Deteriora la autoestima.** Los castigos frecuentes pueden afectar negativamente el autoconcepto y la autoestima del niño, ya que se sienten juzgados por cómo son, sienten o actúan. Esto puede dificultar la construcción de una autoestima fuerte y segura.

- **Fomenta el conformismo y la agresividad.** Los niños castigados pueden aprender a resolver conflictos de manera conformista, sintiendo que no tienen poder para cambiar nada, o de manera agresiva, creyendo que imponer sus deseos sobre los demás es la única solución.

- **Genera inseguridad.** El miedo al castigo puede hacer que los niños sean menos autónomos y más dependientes de la aprobación de los adultos, ya que temen cometer errores y enfrentar las consecuencias.

- **Dificulta el autoconocimiento y el respeto por uno mismo.** El castigo impone valores externos, lo que dificulta que los niños desarrollen un sentido de autoconocimiento y respeto por sus propias necesidades y sentimientos.

- **Desarrolla comportamientos sumisos y victimistas.** En lugar de fortalecer el carácter, el castigo puede generar una actitud sumisa y victimista, donde los niños se sienten indefensos y adoptan una visión negativa del mundo.

El castigo no cambia la conducta a largo plazo ni educa en los valores deseados. Los niños pueden dejar de actuar por miedo a las represalias, pero esto deteriora la relación con los adultos, genera resentimiento y fomenta estilos de resolución de conflictos conformistas, evitativos o violentos. Además, afecta negativamente a la autoestima, autonomía y el autoconocimiento de los niños.

Participación parental

Los padres y cuidadores juegan un gran papel en la percepción del miedo al medio acuático de los niños. Es esencial involucrarlos en el proceso de enseñanza, educándolos sobre la importancia de aprender a nadar y alentando comportamientos que refuercen la confianza y seguridad en el medio acuático.

La participación activa de los padres y cuidadores es fundamental para abordar el miedo de los niños y para garantizar una experiencia que sea recordada como agradable y efectiva. Involucrar a las familias en este proceso no solo ayuda a reforzar la confianza y seguridad del niño, sino que también crea un entorno de apoyo coherente tanto en el hogar como en la piscina. A continuación, se detallan estrategias clave para trabajar con las familias en este contexto.

Educación de las familias. Proporcionar a las familias información clara y accesible sobre los beneficios de aprender a nadar, no solo desde el punto de vista de la seguridad y la salud, sino también en términos de desarrollo personal y habilidades de vida. Concienciar de que cómo la mejora de la competencia acuática puede aumentar la confianza del niño y ayudar a superar miedos y ansiedades. Explicarles como conseguir que el niño pueda identificar la emoción del miedo a través de las fases propuestas anteriormente.

Explicar el proceso de enseñanza. Detallar el enfoque pedagógico y las fases de aprendizaje que se seguirán. Ayudarles a entender cómo se estructuran las clases y cómo cada etapa contribuye al progreso del niño. La transparencia en el proceso permite a los padres sentirse más seguros y apoyar de manera efectiva el progreso de su hijo.

Involucrarlos en el proceso de aprendizaje. Invitar a las familias a observar las sesiones prácticas, especialmente al principio. Esto les permitirá ver cómo se maneja el miedo y la ansiedad, así como las estrategias utilizadas por el educador para crear un ambiente positivo y de apoyo. Observar el progreso y las técnicas empleadas puede ayudarles a replicar enfoques similares en casa.

Asesoramiento y comunicación continua. Mantener una comunicación abierta con los padres sobre el progreso de sus hijos. Proporcionar retroalimentación regular sobre el desempeño y el desarrollo emocional del niño. Ofrecer consejos prácticos sobre cómo apoyarle fuera del entorno acuático, como realizar actividades recreativas relacionadas con el agua en casa. Enseñar a las familias a reforzar de forma positiva en el hogar. Los elogios y el reconocimiento de los esfuerzos del niño ayudarán a construir su confianza y motivación para continuar con las clases en el medio acuático. Los niños a menudo imitan las actitudes y emociones de sus cuidadores, por lo que mostrar confianza y disfrute en las actividades acuáticas puede ayudar a reducir el miedo en los niños. Para ello, es importante sugerir a las familias que creen un entorno positivo y libre de estrés en torno a las actividades acuáticas. Esto incluye evitar presionar al niño para que participe en actividades acuáticas y, en cambio, alentarlos a explorar el medio acuático a su propio ritmo.

Desarrollar estrategias de apoyo familiar. Se propone establecer rutinas regulares para las actividades acuáticas en familia. Esto puede incluir juegos en la piscina, visitas a la playa o incluso actividades de agua en casa, siempre con un enfoque positivo y relajado. Si es posible, incluir a las familias en algunas actividades acuáticas durante las clases, permitiendo que participen en juegos o tareas sencillas con sus hijos. Esta participación puede ayudar a los niños a sentirse más seguros y apoyados.

Por debajo de los dos años, las familias tendrían que acompañar siempre a los niños en las clases. En las clases, animar a apoyar la autonomía del niño en el agua, permitiéndole explorar y aprender a su propio ritmo. La sobreprotección puede aumentar la ansiedad, por lo que es importante equilibrar el apoyo con la promoción de la independencia.

Organizar talleres y reuniones para las familias. Ofrecer talleres para padres donde se aborden temas relacionados con el miedo al medio acuático, la importancia de la natación y las mejores prácticas para apoyar a sus hijos en el aprendizaje acuático. Estos talleres pueden proporcionar a los padres las herramientas y el conocimiento necesario para apoyar efectivamente a sus hijos. Se tienen que proporcionar oportunidades para que los padres hagan preguntas y expresen sus inquietudes. Una sesión de preguntas y respuestas puede ayudar a aclarar dudas y ofrecer orientación específica para el caso de cada familia.

Formar grupos de colaboración y apoyo mutuo. Estos grupos de apoyo para padres donde pueden compartir experiencias, consejos y estrategias para superar el miedo al medio acuático puede ayudar, pues al interactuar con otras familias en situaciones similares puede proporcionar aliento y nuevas perspectivas. Un enfoque conjunto y coordinado en la enseñanza acuática, asegura que los esfuerzos en la piscina y en casa estén alineados para apoyar mejor el progreso del niño.

Generación de un ambiente motivante y de aprendizaje

La motivación es un proceso activo y sostenido dirigido a alcanzar metas (Moreno-Murcia y Barrachina, 2022). Es fundamental para el aprendizaje, ya que influye en el inicio, mantenimiento y finalización de las conductas orientadas a objetivos. Una alta motivación puede mejorar el compromiso con el aprendizaje, mientras que la falta de motivación puede inhibir el progreso.

Es importante que se fomenten emociones agradables como la confianza y la alegría antes de que los alumnos entren al agua. Estas emociones pueden reducir la activación de la amígdala, la estructura cerebral asociada con el miedo, facilitando el aprendizaje y la toma de decisiones.

Hay que reconocer y recompensar los logros, por pequeños que sean, y demostrar paciencia y empatía. Esto ayuda a los alumnos a superar el miedo y a avanzar en su aprendizaje, lo que reduce la percepción del agua como un peligro y promueve una actitud positiva hacia el aprendizaje.

El tono corporal y el contacto físico del educador desempeñan un importante papel en la creación de un ambiente motivante y seguro en el medio acuático. Un tono corporal relajado, confiado y abierto transmite seguridad al alumno, mientras que un contacto físico cuidadoso y respetuoso refuerza la sensación de apoyo y confianza. Por ejemplo, sostener al aprendiz suavemente durante las primeras tareas en el agua puede ayudarlo a sentirse físicamente protegido, disminuyendo su ansiedad y fomentando su disposición a explorar. Es esencial que el contacto físico sea percibido como un gesto de guía y no como una imposición, adaptándose siempre a las reacciones del alumno para evitar que se sienta invadido o presionado. Este enfoque no solo promueve el aprendizaje sin miedo, sino que también fortalece la relación entre el profesor y el alumno, facilitando una experiencia acuática positiva y enriquecedora.

La **empatía** juega un papel fundamental en la educación acuática, ya que permite comprender y responder a las emociones de los participantes de manera efectiva. En la enseñanza acuática, la empatía puede fortalecer la relación entre docente y alumno, promoviendo la motivación y la estimulación necesarias para el aprendizaje. Algunas prácticas empáticas incluyen actividades que permiten a los niños explorar y expresar sus emociones, y juegos de imitación que les ayudan a ponerse en el lugar de los demás.

Uso del juego y formas jugadas adaptando el material didáctico

El juego se presenta como una herramienta fundamental para superar el miedo, especialmente en niños. En contextos pedagógicos, integrar el juego en la enseñanza no solo facilita la adaptación a nuevas experiencias, sino que también promueve un aprendizaje más natural y menos estresante (Moreno-Murcia, 2023).

El **uso de materiales adaptados, como juguetes o materiales específicos,** facilita la creación de un entorno de aprendizaje más accesible y menos intimidante. En la pedagogía, esto implica que los recursos educativos deben estar alineados con las necesidades emocionales y cognitivas de los aprendices. El uso de gafas y snorkel puede reducir la ansiedad inicial y mejorar la disposición para aprender, pero siempre serán materiales que se irán incorporando a posteriori, de una adaptación inicial. Los educadores podrían integrar este material en las primeras etapas de la enseñanza, después de que los aprendices ya estén familiarizados, para facilitar la adaptación al medio acuático.

Técnicas de relajación y control del estrés

Enseñar a los alumnos **técnicas de respiración y relajación** puede ayudar a mantener los lóbulos prefrontales activos, disminuyendo la respuesta de miedo. Para trabajar con los niños más pequeños, se pueden implementar técnicas adaptadas a su nivel de desarrollo: juegos de respiración profunda (enseñarles a "respirar como un globo". Por ejemplo, invítalos a imaginar que están inflando un globo con su vientre mientras inhalan y luego lo desinflan lentamente al exhalar. Este ejercicio ayuda a reducir el estrés de forma lúdica), visualización positiva (utilizar cuentos o historias guiadas que los lleven a imaginar escenarios tranquilos y seguros, como un paseo por la playa o jugar en un jardín, puede ayudarles a relajarse y disminuir sus niveles de ansiedad), música relajante y movimientos suaves (incorporar melodías calmantes y ejercicios como estiramientos o yoga infantil facilita el control emocional y la activación de los lóbulos prefrontales, que son clave para manejar el estrés), herramientas visuales (usar imágenes o tarjetas con instrucciones simples, como "inspira, espira", o dibujos de nubes y globos para ayudar a los niños a asociar estas prácticas con algo divertido y comprensible).

Fomentar el aprendizaje colaborativo

Aprender en un grupo donde otros compañeros también están superando el miedo puede crear un sentido de comunidad y apoyo mutuo. Los modelos de intervención basados en la observación han demostrado que la observación de compañeros con buena competencia en el agua puede ser más efectiva que la enseñanza directa. Incluir vídeos o demostraciones en vivo de compañeros que muestren confianza en el agua puede ayudar a los aprendices a superar el miedo. Ver a otros enfrentar y superar el miedo puede inspirar confianza en los alumnos.

Dar apoyo al aprendiz en la enseñanza acuática

Como ya se presentaba en Moreno-Murcia & González (2022), los ingredientes básicos de la motivación fueron señalados por la **Teoría de la Autodeterminación (TAD)** para comprender cuáles son los elementos necesarios para que las **personas generemos un crecimiento psicológico estable,** así como una mayor integridad y bienestar personal y social (Deci y Ryan, 2000).

La Teoría de las necesidades básicas, como parte integrante de la TAD, está asentada sobre la base que las personas poseen unas necesidades innatas que guardan una estrecha relación con el desarrollo psicológico continuado y el bienestar. A las necesidades innatas se las conoce como mediadores por su papel facilitador para desencadenar efectos agradables y de bienestar. La TAD establece que existen tres necesidades psicológicas básicas en los seres humanos: la necesidad de **autonomía, competencia y relación con los demás.**

Por lo tanto, es importante hablar del estilo interpersonal del educador a la hora de impartir la clase, ya que los factores sociales (lo que hace el educador acuático durante la práctica) repercuten en gran medida en las consecuencias cognitivas, emocionales y conductuales del aprendiz a través de la satisfacción de las necesidades psicológicas básicas de la persona. Así que, satisfacer las necesidades psicológicas básicas en la educación acuática, puede reducir el miedo al medio acuático porque fomenta un entorno de confianza y seguridad emocional.

Satisfacer la **autonomía** permite que los niños tomen decisiones simples, como elegir qué opción tomar al realizar una tarea, les da un sentido de control y reduce la sensación de vulnerabilidad.

La satisfacción de la **competencia** se consigue diseñando tareas progresivas que respeten su nivel inicial, celebrando estos pequeños logros. Todo esto fortalece su confianza en sus habilidades.

La **relación con los demás** (sentimiento de pertenencia), se da al crear un ambiente cálido y de apoyo grupal, pues este ayuda a que los niños se sientan aceptados y seguros, disminuyendo la ansiedad asociada al agua.

Por lo que utilizar el **estilo interpersonal de apoyo a la autonomía**, puede ayudar a generar en el aprendiz un mayor sentimiento de logro y autoeficacia en la competencia acuática, y, en definitiva, un menor miedo al medio acuático (Figura 39).

Figura 39. Reducción del miedo al medio acuático a través de un estilo interpersonal de apoyo a la autonomía.

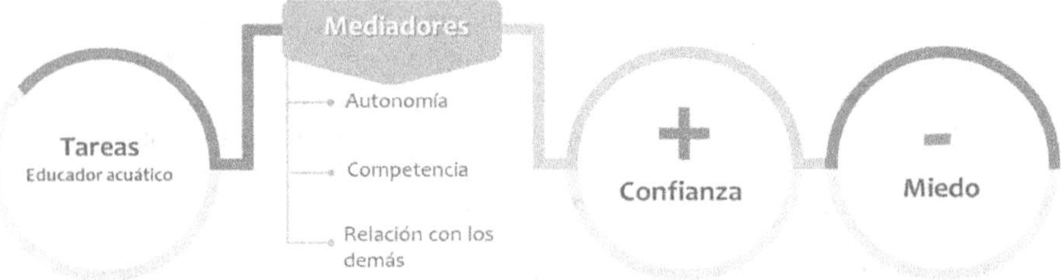

Para que se pueda dar un estilo motivador, el apoyo del educador acuático a los aprendices debe tener en cuenta la satisfacción de las necesidades psicológicas básicas. Por ello, se propone que los educadores que trabajan con niños, adolescentes, adultos y mayores en el medio acuático pueden proporcionar asistencia para apoyarlos en la experiencia de la satisfacción de la necesidad básica. Esto supone, entre otras cosas, brindar al aprendiz una oferta de relación confiable.

Para conseguir este estilo motivador se propone un conjunto de 25 estrategias motivacionales de apoyo a la autonomía (Huéscar et al., 2022) estructuradas en varios bloques (autonomía, estructura antes de la tarea, estructura durante la tarea y relación con los demás).

Autonomía. El educador crea ambientes de aprendizaje que promueven el interés de los aprendices, atiende a sus preferencias y busca generar metas personales, siendo paciente con sus ritmos de aprendizaje. Fomenta que movilicen los recursos motivacionales internos y el pensamiento independiente, desencadenando la ejecución de las tareas por propia iniciativa (Figura 40).

Figura 40. Ejemplos de estrategias motivacionales para la autonomía.

Estrategia	Contexto	Educador
Preguntar al alumno sobre sus preferencias en relación a una tarea.	En una fase final de la sesión los alumnos están sentados en el bordillo de la piscina con los pies introducidos en el agua (sentados en línea uno al lado del otro). El educador se aproxima a ellos y les dice…	Vamos a realizar saltos desde el bordillo, ¿Cómo preferís saltar? Y ellos eligen: •De bomba. •De palillo. •De cabeza. Según el alumno ira eligiendo una opción y salta como él quiera.
Ofrecer posibilidad de elecciones al alumno (agrupaciones, materiales y espacios).	Al final de la sesión, el educador le propone hacer un juego. Le lanza como propuesta de realizar el juego del pañuelo en el agua…	Con tono de voz alegre y motivadora, indica que para acabar la sesión vamos a realizar un juego y les pregunta: ¿Qué piscina preferís para hacer el juego, la grande o la pequeña?
Dejar que el alumno tome la iniciativa (ceder la iniciativa).	Al principio de la sesión, en el calentamiento de movilidad articular para aumentar la temperatura, el educador coloca a los alumnos en posición semicírculo y los alumnos se encuentra de espalda a la piscina y les dice…	Vamos a empezar moviéndonos. Ahora me vais a tener que decir un animal cada uno y vamos a tener que representar como se desplaza (El educador les va diciendo su nombre y los alumnos dicen el que ellos quieran).
Ofrecer posibilidad de experimentación (individualizar la enseñanza).	En la piscina poco profunda, el educador le da un globo a cada alumno para que lo mantengan en el aire dándole toques con distintas partes del cuerpo para que conozcan su cuerpo, experimenten con las distintas partes del cuerpo y comprueben con que parte es más sencillo mantener el globo en el aire y les dice…	Para este juego os voy a repartir un globo a cada uno y tenemos que mantenerlo en el aire sin que caiga al suelo dándole toques con distintas partes del cuerpo. Le podemos dar con cualquier parte del cuerpo, pero no podemos repetir dos veces seguidas la misma parte. Cuando acabemos os preguntaré con que parte del cuerpo os ha sido más sencillo darle.
Ceder responsabilidades.	Al inicio de la sesión, el docente los coloca en semicírculo enfrente de él, y les lanza una propuesta de calentamiento de movilidad articular en seco. Y les dice…	Vamos a realizar un calentamiento para no tener frío luego en el agua. ¡Pero sois vosotros los que nos vais a ir diciendo que parte del cuerpo vamos a mover! El nombre que yo diga va a tener que decir que parte del cuerpo mover y como se tienen que hacer.

Estructura antes de la tarea. El educador acuático indica las tareas y ofrece explicaciones previas al desarrollo práctico de las actividades. Su finalidad es proporcionar una guía sobre qué se va a desarrollar y cómo se va a plantear la instrucción para ayudarles en su aprendizaje. Expone los criterios e indicadores generales encaminados a promover la autorregulación del proceso de aprendizaje (Figura 41).

Figura 41. Ejemplos de estrategias motivacionales para la estructura antes de la tarea.

Estrategia	Contexto	Educador
Explicar y razonar los objetivos al iniciar la clase.	En la primera sesión que se tiene con el grupo, antes de introducirse a la piscina, los colocamos en semicírculo y les explicamos…	Antes de meternos al agua vamos a movernos un poco (movilidad articular), con estos ejercicios no tendremos tanto frío cuando nos metamos a la piscina y nos permitirá nadar más a gusto.
Explicar la estructura de la tarea respecto a la clase.	Nos encontramos fuera de la piscina antes de iniciar la sesión. Vamos a llevar a cabo la entrada al agua como primer ejercicio que llevaremos a lo largo de la sesión…	La primera actividad que vamos hacer es con la colchoneta encima del bordillo, sentarse encima de la colchoneta con la cabeza entre los brazos y tirarse al agua. Luego nos vamos a poner de rodillas y con la misma posición (cabeza entre los brazos) y nos tiramos de nuevo al agua. Y por último nos pondremos de pie (sin la colchoneta) y nos tiraremos con los brazos como antes y bajaremos los brazos curvando la espalda y levantando el "culete", dejándonos llevar hacia el agua para caer de cabeza. ¡Preparados!
Explicar la utilidad de las tareas.	En la piscina le decimos que tienen que ir en busca de los tesoros (fichas de colores) que están por el agua y llevarlas al cofre. Los alumnos van subidos en un flotador tubular a caballito (finalidad conseguir que realicen brazos de crol). El educador les dice…	Vamos a mover fuerte los brazos y alargando (les realiza una demostración visual), de esta forma podremos coger antes los tesoros y nos moveremos más rápido para ver quien coge más tesoros.
Apoyarse en los alumnos como modelo positivo para realizar demostraciones.	A la mitad de la sesión, se les propone una actividad de entrada al agua de cabeza. Nos damos cuenta de que dos alumnos, Gema y José, no consiguen colocar bien las manos para poder realizar una buena entrada al agua. El educador se acerca a ellos y les dice…	Vamos ver como nuestra compañera Julia pone la posición de las manos antes de introducirse a ella. Colocaros al lado de ella para que podáis ver como lo hace. Julia realiza 2 o 3 entradas al agua para que los demás se dan cuenta de cómo se colocan las manos.

Estrategia	Contexto	Educador
Ofrecer pautas y orientaciones para regular el progreso personal y dar a conocer previamente los criterios de mejora.	En la piscina poco profunda con un grupo de 5 alumnos, el educador les propone hacer una tarea de respiración en 3 niveles, y les dice…	Vamos a jugar con la respiración. La vamos hacer en 3 niveles, cada una va tener una puntuación diferente: 1. Vamos a cogernos del bordillo y tendremos que soplar y echar el aire por la boca (1 punto). 2. Seguimos cogidos, pero ahora nos vamos a poner una pelota delante y vamos a intentar desplazarla (2 puntos). 3. Vamos a ir desplazándonos por todo el vaso y soplando la pelota (3 puntos). ¡Yo os iré orientado a cada uno para poder conseguir el mayor número de puntos!

Estructura durante la tarea. Integra las instrucciones y pautas que el educador acuático ofrece de forma clara y concisa durante la ejecución de las tareas, con el objetivo de que los aprendices sepan qué hacer y puedan modular su aprendizaje. Contempla las variantes y alternativas para atender a la diversidad de ritmos y estilos de aprendizaje durante la acción. Comprende el conjunto de feed-backs positivos (refuerzos, elogios y ánimos) y explicativos (razonamiento y tratamiento del error, ayudas y sugerencias) que se va ofreciendo durante el desarrollo de las tareas con la finalidad de colaborar en la construcción de sus aprendizajes (Figura 42).

Figura 42. Ejemplos de estrategias motivacionales para la estructura durante la tarea.

Estrategia	Contexto	Educador
Adaptar las instrucciones según el progreso de los alumnos.	El educador se encuentra fuera del agua y observa en una tarea centrada en el ejercicio de espalda, si observa que un alumno lo realiza correctamente le propone otro con más nivel diciendo…	Nos vamos a subir encima del flotador tubular (caballito) y nos ponemos de espaldas, para con la ayuda de los brazos desplazarnos hacia atrás. El educador se da cuenta de que "José" lo realiza correctamente, se aproxima a él y le dice: ¿Te puedes poner el material en la cintura y en posición de tumbado desplazarte con la ayuda de los brazos? Los demás compañeros siguen realizando la tarea anterior.
Utilizar a modelos a través de estudiantes.	En una tarea de pies de braza, con los alumnos fuera de la piscina antes de introducirte a ella, realizan la patada de braza en seco encima de una colchoneta. Nos damos cuenta de que "Juan y Eva" no realizan correctamente la patada y el educador dice…	El educador se aproxima a ellos con un tono de voz activa y agradable y les dice, Juan y Eva, poneros uno a cada lado de Pedro y le dice a Pedro ¿puede realizar el ejercicio para que todos tus compañeros lo puedan ver? ¡Juan y Eva tenéis que fijaros bien como lo hace Pedro! Tras la representación le volvemos a preguntar. ¿Os habéis fijado bien como lo ha hecho Pedro? ¿Lo podéis realizar ahora?

Estrategia	Contexto	Educador
Cuando es necesario compartir con los alumnos las demostraciones.	En la mitad de la sesión, los alumnos se encuentran sentados en la piscina y les decimos que tienen que meterse al agua e ir nadando hacia donde está el educador que se encuentra a unos metros de él. Cuando estamos haciendo la tarea nos damos cuenta de que "Víctor", cuando se introduce en el agua,.¡ solo mueve los brazos, pero no realiza la patada y le dice…	Se aproxima a Víctor le dice "Víctor" no te preocupes si no avanzas, mira te voy a explicar cómo puedes hacer la tarea. El educador se coloca delante de él y le representa como tiene que hacerlo. El educador le vuelve a preguntar después de realizada la representación. ¿Víctor sabes ya como se hacer el ejercicio?
Proponer diferentes variantes para una misma tarea.	En una tarea el educador les dice que tienen que coger una tabla para hacer pies de crol. Nos damos cuenta de que "Marta" realiza correctamente el ejercicio y le ofrecemos otra variante con más dificultad y más intensidad. El educador que se encuentra fuera de la piscina se aproxima a ella y le dice…	¡Marta! He visto que haces muy bien el ejercicio con la tabla. Por eso ahora vamos a cambiar la tabla por una pelota entre las manos, se hace igual que el ejercicio anterior. Y le volvemos a preguntar: ¿Marta sabes cómo se hace? ¿Quieres que probemos hacer la tarea de otra forma?
Ofrecer refuerzos positivos tanto verbales como no verbales. Animar a los alumnos a que perseveren.	En una tarea en la búsqueda de los tesoros (aros), tienen que bucear para cogerlos, pero son ellos mismo los que se los lanzan. Vemos que "Alberto" no puede cogerlo y el educador se acerca a él y le dice…	¿Qué pasa Alberto, no puedes cogerlo? Alberto dice: "No lo puedo coger" Vamos Alberto, tienes que probar a lanzar el tesoro más cerca y poco a poco lo lanzarás más lejos. Y vemos que tras darle el refuerzo de cómo lo tienen que hacer consigue cogerlo. Tras el éxito le dice "¡Muy bien Alberto, ves cómo puedes hacerlo, si sigues así pronto serás un gran buceador y podrás disfrutar en la playa con tus gafas de bucear!
Ofrecer feed-backs informativos durante la ejecución de las tareas.	En un juego de las ranitas, donde tienen que subirse a caballito y abriendo los brazos (brazos de braza) saltar como si fueran ranitas. Nos damos cuenta que "Juan y Álvaro" no pueden avanzar ya que no abren los brazos. El educador se aproxima a ellos y les dice…	¡Chicos! Os voy a decir cómo tenemos que hacerlo para poder movernos como ranitas. Hay que abrir los brazos de forma más grande (el educador hace una representación visual) y de esta forma conseguiremos movernos más rápido. Además, os recuerdo que, mientras lo realizáis, no os tenéis que olvidar del movimiento de los pies.

Estrategia	Contexto	Educador
Ofrecer una graduación de la dificultad de las tareas según el nivel de los alumnos.	En una actividad por niveles que van a tener que ir superando por ellos mismo el educador les dice…	Os propongo una tarea de crol por niveles. Quien vaya superando un nivel pasará al siguiente hasta que consiga llegar al nivel más difícil. Cada uno empezará en el nivel que crea que ya tiene superado. 1. Movimiento de pies con los brazos apoyados en la tabla. 2. Ídem, pero cambiando la tabla por un flotador tubular. 3. Ídem, pero cambiando el flotador tubular por una pelota y la sujetamos con las dos manos y los brazos estirados. 4. Movimiento de pies, pero sin material, solo con los brazos extendidos.
Proponer agrupaciones flexibles según el desarrollo de las tareas.	Al final de la sesión, el educador propone "el juego del pañuelo". Como nos damos cuenta que mucho de los alumnos llevan del mismo color los gorros de natación el monitor les dice…	Hoy para acabar la clase vamos a jugar al juego del pañuelo. Nos vamos a separar en dos equipos y quiero que os juntéis con los compañeros que tengáis el mismo color del gorro. Cuando tengáis los grupos tendréis que poneros unos números que yo iré diciendo en voz alta.

Relación con los demás. Crea ambientes de aprendizaje que generen confianza en las posibilidades de los aprendices con independencia del nivel de habilidad individual. El educador acuático empático con los problemas y necesidades de los participantes, los escucha y atiende con educación y respeto. Es un modelo positivo que muestra entusiasmo e ilusión por su trabajo, transmitiéndolo en cada práctica (Figura 43).

Figura 43. Ejemplos de estrategias motivacionales para la relación con los demás.

Estrategia	Contexto	Educador
Dirigirse a los alumnos con educación y de manera individualizada.	Durante la sesión el educador se encuentra fuera de la piscina y le dice que tienen que llevar, de un lado a otro, unos tesoros (aros) a su cofre. Tiene que ir subidos en sus caballos y moviendo los brazos a crol. Pero vemos que "José" no se encuentra bien y dice…	El educador se aproxima a "José" y le dice ¿Qué te pasa? José dice, me duelen los ojos por las gafas de nadar (primer día que las lleva). Y le responde el educador "José, si quieres en este ejercicio, como no tenemos que meter la cabeza, nos podemos quitar las gafas, pero sabes que tenemos que llevarlas porque es para que no nos duelan los ojos. Hoy, para los ejercicios que no tenemos que meter la cabeza, no nos ponemos las gafas y así descansamos ¿Te parece bien la idea?

Estrategia	Contexto	Educador
Emplear un lenguaje empático.	Con el grupo está sentado en el bordillo de la piscina, le decimos que tienen que ir con el flotador tubular entre las axilas y mirando boca arriba (pies de espalda). Y nos damos cuenta que "Julia" no consigue relajarse y no puede realizar la tarea correctamente y le dice…	¡Julia no te preocupes! Cuando yo tenía tu edad me pasaba lo mismo. Te ayudo otra vez. El educador le hace una representación del ejercicio (se coloca el elemento tubular entre las axilas y mueve los pies) y lo repite varias veces y diciéndole que tenemos que estar relajados y darle fuerte a los pies. Ahora me pongo a tu lado y lo realizamos juntos ¿Te parece bien?
Escuchar a los alumnos con actitud de escucha activa y positiva.	Al final de una sesión, nos acercamos a los niños con actitud positiva, con una sonrisa y un tono de voz adecuado y les preguntamos…	¿Os gustaron los juegos de hoy? ¿Qué piscina os gusto más, la grande o pequeña? Les enseñamos una hoja con 3 caritas para que ellos nos respondan a las preguntas (feliz-triste-llorando) y ellos nos responderán a las preguntas indicándonos con el dedo la que más se aproxima a ellos. Y si alguno indica triste o llorando, le preguntamos cómo podemos conseguir pasar a feliz.
Aproximarse a los alumnos para atenderle durante el desarrollo de la clase.	En una tarea de lanzamientos en la piscina poco profunda, vemos que "Carmen" no puede lanzar el balón a cierta distancia y le decimos…	¿Te pasa algo? Carmen le dice que sí, que no puede lanzar lejos. Y le decimos, Carmen no te preocupes, mira cómo lo realizo yo (una representación de cómo se ejecuta haciéndolo él solo). Tras ello le decimos ¿Carmen lo hacemos los dos juntos? Ya verás, cómo vamos a poder lanzar la pelota.
Ser entusiastas.	En un juego, a "Juan y Eva", les lanzamos pelotas por la piscina y las tienen que coger e ir nadando y les decimos…	¡Juan y Eva! Sabéis, vamos a jugar a un juego súper chulo en que os lo váis a pasar muy bien. Tenemos que ir nadando. Juan tiene que coger las pelotas rojas y Eva tiene que coger las pelotas azules. Vamos a ver quién recoge más pelotas del agua. El que más pelotas consiga elegirá la próxima actividad a realizar. ¿Qué os parece?
Dar confianza a los alumnos.	En un juego de salto con los alumnos al lado del bordillo de la piscina, observamos que cuando llega el turno de "Víctor" no quiere realizar el salto de pie. El educador que está enfrente de ellos mientras que lo efectúan se acerca a Víctor y le dice…	¿Qué pasa Víctor? Y dice Víctor, que me da miedo hacer los saltos de pie. El educador indica, Víctor no te preocupes yo estoy aquí para ayudarte, vamos a sentarnos en el bordillo y probamos desde esa posición. Tras varias repeticiones de Víctor el educador le pregunta: ¿Víctor quieres hacerlo de pie cogido a mis manos? El educador se introduce en el agua y le ofrece su mano desde el agua para que Víctor realice varios intentos. Le volvemos a preguntar: ¿Quieres hacerlo tú solo, pero yo me pongo enfrente para ayudarte?

Estrategia	Contexto	Educador
Comportarse como un modelo positivo para los alumnos.	En el juego de las cafeteras (meter la cabeza en el agua hasta la nariz), nos damos cuenta que cuando estamos llevando a cabo el mismo, que "Alba y Gema" no realizan correctamente el mismo y educador dice…	¡Alba, Gema! ¿Queréis hacer la cafetera conmigo? Ellas le dicen que no saben cómo hacerlo. El educador les dice: No os preocupéis, ¿queréis hacerlo como yo lo realizo? Alba y Gema consiguen hacerlo tras ver la representación.

4.4 Etapa 3. Elaboración y ejecución de los contenidos a abordar de forma progresiva

Tomando como base la propuesta de Stallman et al. (2017) sobre las 15 competencias acuáticas, Ortiz et al. (2025), en su libro Educación acuática preventiva, describen una progresión ideal para desarrollar las competencias acuáticas fundamentales en la prevención y promoción de una mayor autonomía en el medio acuático. Reconocemos que cada grupo de competencias requiere un abordaje profundo, demandando a los educadores acuáticos reflexionar, diseñar y validar estrategias para su secuenciación, instrucción y evaluación, avanzando desde las habilidades más simples hasta las más complejas.

El propósito de este libro es ofrecer un enfoque práctico para que los alumnos aprendan a nadar sin miedo. Por ello, en este apartado se presenta, de manera simplificada, la implementación de algunas competencias seleccionadas, centradas en la adquisición de habilidades acuáticas esenciales que contribuyen a reducir el temor al medio acuático. Sin embargo, será necesario en el futuro abordar el resto de las competencias que, por razones prácticas, no se incluyen en este apartado.

De esta manera, se desarrolla una **lista detallada y progresiva de contenidos** específicos en la educación acuática. Para adultos, una simple lista puede ser suficiente, mientras que, para los niños, se pueden utilizar descripciones gráficas que incluyan al personaje de ficción. La exposición debe ser gradual y controlada, avanzando a través de la lista solo cuando el niño o adulto esté relajado y listo para enfrentar la siguiente etapa. Esto implica la exposición gradual al medio acuático, comenzando con situaciones de bajo estrés y avanzando hacia tareas más desafiantes, siempre respetando los límites del alumno.

Las propuestas podrían enfocarse en **aumentar la autonomía y el control percibido** por los aprendices. La adquisición progresiva de las habilidades acuáticas fundamentales será clave para reducir el miedo, lo que sugiere que un enfoque en la práctica repetida y variable de estas habilidades en un entorno controlado puede ser eficaz. **Es importante no apresurar el proceso, permitiendo que cada paso sea una experiencia agradable.** A continuación, a modo de ejemplo, se presenta un listado de contenidos progresivo de habilidades acuáticas fundamentales para poner en marcha.

Juegos iniciales de aproximación al entorno acuático

Estadio I. Juegos en la playa de la piscina, utilizando juguetes flotantes o actividades que fomenten la diversión y la familiarización con el entorno sin entrar en el agua. Es importante aclarar que el docente facilita con contacto corporal en niños pequeños pero que en adultos se puede experimentar con autonomía y acompañamiento sin contacto, de forma transversal, para todas las habilidades.

Progresión en las competencias de entradas seguras al agua

- Estadio I. Comienza con juegos en el borde de la piscina, luego progresa a la entrada al agua con la asistencia del educador/acompañantes, primero sosteniendo al niño de las axilas, luego de las manos, y finalmente con una mano.
- Estadio II. Introducción de flotadores, seguida de la entrada al agua en posiciones cada vez más complejas, como cuclillas o de pie, hasta llegar a saltos simples desde el borde.
- Estadio III. Ejecución de saltos más complejos y la introducción de juegos de patadas y palmadas en el agua.

Progresión en la competencia de control respiratorio

- Estadio I. Tareas de respiración fuera del agua, seguidos de burbujas en el borde de la piscina o en un recipiente.
- Estadio II. Introducción progresiva de la cabeza en el agua, comenzando con la boca, luego la nariz, y finalmente la cabeza completa. Actividades como la recogida de objetos medio sumergidos pueden ayudar en esta fase.
- Estadio III. Tareas de inmersión que incluyen la soltura del borde o escalera y la recogida de objetos desde el fondo de la piscina.

Progresión en las competencias de flotación

- Estadio I. Inicia con la posición vertical usando un flotador tubular bajo las axilas, con apoyo del educador/acompañante.
- Estadio II. Progresión hacia posiciones de flotación ventral y dorsal con menos apoyo del instructor y eventualmente sin material de flotación.
- Estadio III. Flotación completa sin asistencia, tanto en posiciones ventrales como dorsales.

Progresión en las competencias propulsivas

- Estadio I. Desplazamiento en el agua agarrado al borde de la piscina con ayuda de material de flotación.
- Estadio II. Reducción del uso de material de flotación y aumento de la distancia de desplazamiento.
- Estadio III. Variedad en las formas de desplazamiento y el inicio del aprendizaje de técnicas básicas de natación.

Combinaciones de competencias

- Competencias de entradas al agua con control respiratorio. Combinar saltos en el agua con inmersiones progresivas.
- Competencias subacuáticas. Añadir desplazamientos subacuáticos después de saltos.
- Competencias propulsivas. Incorporar nados de frente, de espaldas o de lado. Acciones propulsivas en combinación con los saltos y deslizamientos.

En la siguiente propuesta se muestran, algunos ejemplos de combinación de los contenidos por fases.

Estadio I:

- Juegos en la playa de la piscina.
- Juegos en el borde de la piscina, como recoger objetos flotantes (juguetes).
- La introducción gradual al agua con la ayuda del docente es fundamental para generar confianza en el niño. En este proceso, el uso de las manos debe transmitir apoyo, no control. Es el niño quien toma la mano del adulto, mientras este mantiene la suya abierta, similar a una pista de aterrizaje que guía con suavidad. Si es necesario ofrecer un mayor nivel de ayuda, se puede comenzar sosteniendo al niño suavemente por las axilas para proporcionarle estabilidad, y luego pasar a sostenerlo de las manos a medida que adquiere confianza. Este enfoque progresivo permite que el niño desarrolle autonomía en el medio acuático mientras se siente seguro y acompañado.
- Aumentar la distancia entre el participante y el educador, comenzando con la sujeción de una mano y progresivamente bajando las manos hasta nivel del agua.
- Tareas de respiración fuera del agua.
- Realizar burbujas en el borde de la piscina, en un recipiente o taza.
- Introducir la boca en el borde o en la escalera para hacer burbujas (exhalando aire).
- Repetir la tarea anterior, introduciendo la nariz y luego sumergiendo completamente la cabeza.
- Mantener una posición vertical con un flotador tubular bajo las axilas, mientras se sostiene de las manos del educador. Ir de una zona poco profunda a una profunda. Una entrada al nivel del agua ayuda a tener una buena sensación de equilibrio y flotación.
- Repetir la tarea sujetando solo una mano y luego sin sujeción, con el flotador tubular entre las piernas. Utilizar pequeñas distancias al principio, conforme se tenga más autonomía y confianza, aumentar la distancia. El educador se colocará al lado o por delante y progresará para quedarse al lado o por detrás, pero siempre cerca.
- Desplazarse dentro del agua agarrado del borde con la presencia del educador en el agua.

- Soltar el borde de manera alterna mientras se desplaza, con material de flotación.
- Realizar desplazamientos cortos con material de flotación, con objetivos fácilmente alcanzables, como desde el borde hasta el educador.
- Caminar dentro del agua.

Estadio II:

- Jugar dentro de agua en piscina poco profunda con diferentes niveles de subir y bajar para lidiar con esta diferencia de fondos o profundidad.
- Juegos en la playa de la piscina.
- Ofrecer las manos desde el bordillo para entrar al agua, y luego reducir progresivamente el apoyo.
- Sustituir la ayuda del docente por material de flotación desde la superficie.
- Colocar el material dentro del agua y que el participante lo recoja.
- Experimentar con diferentes posiciones de entrada al agua: desde una posición de cuclillas a una posición totalmente erecta, y luego caminar mientras se entra al agua.
- Juegos en el borde de la piscina, como dar patadas o palmadas en el agua mientras está sentado en el bordillo.
- Realizar saltos verticales desde el borde del agua y probar diferentes tipos de saltos.
- Realizar burbujas sumergiendo completamente la cabeza, y avanzar hacia la inmersión completa, recogiendo objetos medio hundidos y manteniendo la respiración bajo el agua el mayor tiempo posible.
- Practicar la flotación ventral con diferentes materiales de flotación y progresar a la flotación dorsal con flotador tubular.
- Realizar pequeños desplazamientos sin ayuda de material de flotación, aumentando gradualmente la distancia y variando las formas de desplazamiento (ventral, dorsal, laterales, etc.).

Estadio III:

- Juegos en la playa de la piscina.
- Juegos en el borde de la piscina, incluyendo saltos y diferentes tipos de saltos.
- Actividades para aprender el salto de cabeza.
- Realizar inmersiones impulsándose hacia abajo, tocando diversas partes del cuerpo y recogiendo objetos del fondo. Mantenerse debajo del agua contando los segundos transcurridos.
- Juegos para practicar flotación dorsal y ventral sin material.
- Juegos para iniciar el aprendizaje de técnicas natatorias.
- Juegos para combinar saltos con inmersiones y desplazamientos subacuáticos.
- Integrar todas las variables en el proceso de aprendizaje.

En la Figura 44 se presenta un ejemplo de propuesta de programa acuático.

Figura 44. Resumen de propuesta del programa acuático para enseñar a nadar sin miedo.

Sesión	Objetivo	Contenido	Tareas para casa
1.ª	Evaluación: recoger información sobre el problema.	Entrevista y Escala de evaluación del miedo al agua.	Cumplimentar el diario.
Preparación de la sesión: • Escala de evaluación del miedo al agua.			
2.ª	Evaluación: recoger información sobre el problema.	Entrevista y Escala de evaluación del miedo al agua.	Cumplimentar el diario.
Preparación de la sesión: • Corrección de la Escala de evaluación del miedo al agua. • Planteamiento de los objetivos del proceso de aprendizaje.			
3.ª	Evaluación: resultados y fase educativa.	Información sobre el miedo e información sobre la gestión del miedo a los padres y/o niño. Proporcionar pautas a los padres y/o alumno.	Cumplimentar el diario.
Preparación de las clases según los resultados obtenidos en la medición: • Por ejemplo, si los principales problemas detectados están asociados a problemas con la competencia acuática respiratoria, planificar las propuestas y progresión de las competencias de control respiratorio. • Planificar técnica de desensibilización.			
4.ª	Aprender técnicas de control de la ansiedad Introducir al niño en un mundo imaginario.	Entrenamiento de las técnicas de respiración y relajación con el alumno. Acordar con el niño el personaje elegido para la historia de vencer el miedo.	Cumplimentar diario y practicar la respiración y relajación.
Preparación de la sesión: • Elaboración de la jerarquía de exposición en función de los resultados de la evaluación/ representaciones graficas de la jerarquía de exposición.			
5.ª	Acordar y terminar de realizar la lista jerárquica de exposición en función de la fase en la que se encuentre.	Introducir el personaje en la progresión y llevar a cabo la lista entre el educador y el alumno.	Cumplimentar diario. Práctica de respiración y relajación.
6ª en adelante	Comienzo de exposición al medio acuático en función de la fase en la que se encuentre el aprendiz.		

La información presentada en esta guía proporciona una base para el desarrollo de actividades acuáticas con el objetivo de mejorar las habilidades y la adaptación al medio acuático de los participantes. Es fundamental que estas actividades se enfoquen en la participación activa del alumno, en lugar de seguir instrucciones estrictas. En lugar de dar indicaciones precisas sobre las tareas, se recomienda plantear una serie de problemas o situaciones que los participantes deben resolver durante la práctica. El papel del docente es actuar como guía y refuerzo, integrándose como un miembro más del grupo. Como ya se ha indicado, esta propuesta debe adaptarse a las características individuales de cada persona o grupo de personas.

Esta metodología busca potenciar las capacidades cognitivas, afectivas, sociales y motoras de los aprendices a través del juego y la participación activa, tanto del estudiante como del docente, en el ámbito de las actividades acuáticas. En anteriores publicaciones (Moreno-Murcia y Ruiz, 2019; Moreno-Murcia, 2024; Ortiz et al., 2025) ya se ha descrito este tipo de enseñanza, como se indicaba anteriormente se denomina Método Acuático Comprensivo (MAC).

Sistema emocional y su relación con el miedo

Este apartado se centra en los desafíos y consideraciones clave que pueden surgir al implementar un programa acuático diseñado para superar el miedo al medio acuático. Se abordan aspectos como la resistencia inicial de los niños al programa, las dificultades con herramientas de evaluación como cuestionarios, y los pensamientos negativos que pueden tener los padres sobre su rol en el proceso. Además, se reflexiona sobre cómo las experiencias previas, las modificaciones no autorizadas de las instrucciones y las quejas por la falta de progreso pueden afectar el desarrollo del programa. Este apartado subraya la importancia de mantener al niño como el centro del proceso de aprendizaje, respetando su ritmo, necesidades emocionales y capacidades individuales, mientras se fomenta la confianza en el entorno, en el docente y en las estrategias aplicadas. Con un enfoque empático y flexible, el objetivo es crear un camino compartido en el que el aprendiz no solo enfrente sus miedos, sino que también fortalezca su autoestima y autonomía.

Resistencia a iniciar o continuar el programa acuático. La resistencia al programa acuático es más común en niños, ya que los adultos suelen acudir por voluntad propia. Para minimizar esta resistencia, es de ayuda que los padres/tutores sean transparentes desde el principio. El niño debe saber con antelación que se ha solicitado ayuda profesional y que asistirá a un programa específico. Asimismo, el educador encargado debe explicarle al niño, de manera clara y sencilla, su papel en el proceso y asegurarle que todo lo que se realizará se basará en su seguridad y voluntad.

Dificultades en la compleción de cuestionarios. En algunos casos, los niños pueden no entender completamente cómo funcionan los cuestionarios o tener problemas con ciertos ítems. Para evitar malentendidos, es importante explicar cada aspecto del test y verificar que se comprende correctamente. En el caso de los niños, se puede optar por sustituir las descripciones textuales por imágenes representativas, lo que facilita la comprensión y asegura que los resultados sean válidos y confiables. Si las dificultades persisten, se puede realizar la evaluación en presencia del especialista, quien podrá aclarar cualquier duda en el momento.

Pensamientos negativos de los padres sobre su rol. Es común que los padres, al tratar de seguir las pautas educativas, experimenten sentimientos de culpa si sienten que no las están aplicando correctamente. Esto puede afectar el tratamiento del niño. Por ello, es esencial trabajar también con los padres, proporcionando pautas claras y ajustadas a sus circunstancias para evitar que sus dudas o inseguridades interfieran negativamente en el proceso de intervención. El mensaje y la actitud familiar con respecto a la confianza en el docente y el programa son esenciales en este proceso.

Experiencia previa en programas similares. A veces, los padres o cuidadores mencionan haber intentado programas similares en el pasado sin éxito. Esto puede deberse a que no se siguieron las instrucciones correctamente o se abandonó el mismo prematuramente. Es importante enfatizar que las intervenciones utilizadas están científicamente comprobadas para reducir el miedo al medio acuático, pero que la eficacia depende de la adherencia estricta a las indicaciones, a la continuidad del programa, a las características del alumno, el profesional, el entorno, las decisiones en el proceso, etc.

Modificación de las instrucciones proporcionadas. Ocasionalmente, los padres o el niño pueden modificar las indicaciones recibidas, lo que puede interferir negativamente en el programa. Es fundamental resaltar la importancia de seguir las pautas y progresiones tal como fueron indicadas, ya que cualquier alteración puede comprometer el éxito del proceso.

Intensificación del miedo por situaciones inesperadas. Durante el desarrollo del programa acuático, pueden surgir contratiempos que retrasen el progreso, como enfermedades que impidan la asistencia a las sesiones. En estos casos, se debe esperar a que el niño se recupere para continuar con el programa. Asimismo, si el niño sale de vacaciones y se expone a situaciones relacionadas con el miedo al medio acuático como ir a zonas de baño en verano, es importante que los padres mantengan las rutinas e indicaciones al máximo para minimizar el impacto del programa, o incluso, aprovechar la situación para reforzarla.

Quejas por la falta de progreso. El tiempo necesario para superar el miedo al medio acuático varía según la persona y su progreso. Si, después de un tiempo, se expresa que el miedo persiste, es útil recurrir a las evaluaciones, como el diario de progresos, para mostrar y reforzar los avances que se han logrado, ayudando así a mantener la motivación y confianza en el proceso.

Al cerrar este apartado, es fundamental recordar que el niño o aprendiz debe estar en el centro de todo el proceso de aprendizaje y evaluación. Cada niño tiene un ritmo único, una forma particular de experimentar el mundo y de enfrentar sus miedos, especialmente en un entorno tan sensible como el acuático. Es esencial que, como docentes, construyamos experiencias que fomenten sensaciones de bienestar, brindando seguridad y apoyo en cada paso. El camino que se sigue no es el que el docente impone, sino el que el niño mismo traza a través de sus decisiones, progresos y momentos de reflexión. Guiados por su ritmo y sus necesidades emocionales, el docente debe ser un facilitador que acompaña, motiva y ajusta el proceso a medida que el niño avanza, permitiéndole descubrir sus propias fortalezas y superar sus miedos. Así, la enseñanza se convierte en una experiencia compartida, donde el aprendiz no solo aprende a relacionarse con el medio acuático, sino también a conocerse a sí mismo.

CONCLUSIÓN

El miedo, aunque es una emoción necesaria y protectora, puede convertirse en un obstáculo significativo cuando no se gestiona adecuadamente. A lo largo de este libro, hemos explorado cómo el miedo al medio acuático, si no se aborda con un enfoque basado en la empatía y en métodos científicos, puede impedir el desarrollo de habilidades esenciales para la vida, como saber nadar. Comprender cómo funciona el miedo en nuestro cerebro y cómo podemos enfrentarlo es clave para superar estas barreras y fomentar tanto el crecimiento personal como la capacidad de afrontar nuevos desafíos. Con el enfoque adecuado, es posible desactivar el miedo irracional y transformar una experiencia aterradora en una oportunidad para aprender y crecer.

Los estudios analizados subrayan la importancia de incluir el aprendizaje de habilidades acuáticas en los primeros años de vida. No solo porque disminuyen el estrés asociado con el medio acuático, sino también porque preparan a los niños para enfrentar con confianza situaciones reales fuera del entorno controlado de las clases. Es fundamental que estas habilidades se transfieran a contextos de la vida cotidiana, especialmente en espacios acuáticos abiertos, donde la seguridad es primordial. Además, es necesario que los educadores reciban formación continua para crear etapas de aprendizaje que eviten que los niños perciban el medio acuático como una fuente de ansiedad. De esta manera, se promueve un ambiente de enseñanza que no solo es seguro, sino también genera experiencias agradables y motivadoras.

Hemos visto que la acuafobia, o el miedo irracional al medio acuático, es una de las fobias más comunes y puede manifestarse de diversas maneras, desde la ansiedad al acercarse a una piscina hasta el miedo extremo a mojarse con la lluvia (hidrofobia). Este miedo, si no se trata, puede perpetuar un círculo vicioso: los padres que no saben nadar no pueden enseñar a sus hijos, lo que provoca que estos también desarrollen miedo al medio acuático. Por eso, es importante que el proceso de enseñar a nadar no genere ansiedad. La tradicional confrontación directa con el medio acuático suele ser contraproducente, mientras que una desensibilización sistemática y progresiva puede ser una herramienta poderosa.

La desensibilización progresiva, cuando se realiza con paciencia y empatía, permite dividir el proceso de aprendizaje en fases personalizadas, avanzando solo cuando el aprendiz, ya sea un niño o un adulto, esté completamente cómodo. Este enfoque asegura una experiencia agradable que no solo reduce el miedo, sino que también aumenta la confianza en el medio acuático. Es vital que este proceso se centre en las necesidades individuales del aprendiz, adaptando el ritmo y las técnicas a su nivel de confort y habilidad, como así lo desarrolla el Método Acuático Comprensivo en el que se sustenta esta propuesta.

El miedo y la ansiedad generada ante el "aprender a nadar" son reacciones naturales ante situaciones percibidas como amenazantes. Sin embargo, numerosos estudios indican que la motivación juega un gran papel en la superación de estos miedos. La motivación es un proceso activo y sostenido que dirige el comportamiento hacia metas específicas. Aunque la ansiedad puede, en algunos casos, estimular la motivación, su exceso puede ser perturbador, inhibiendo el aprendizaje más profundo y complejo. Es aquí donde el apoyo del docente es fundamental.

La propuesta de este libro, basada en un enfoque de enseñanza que fomenta la autonomía, la competencia y las relaciones interpersonales, tiene un impacto directo en la reducción del miedo al medio acuático. Al respetar las preferencias y metas personales de los aprendices, se promueve un sentido de control que reduce la percepción de amenaza en el entorno acuático. Proporcionar una estructura clara y organizada ayuda a disminuir la incertidumbre, permitiendo que los alumnos comprendan cada paso del proceso, lo que refuerza su confianza y percepción de competencia. Además, un ambiente de confianza y empatía facilita que los aprendices se sientan seguros para explorar, cometer errores y superar sus temores. Este enfoque integral no solo mejora la motivación y el compromiso, sino que también asegura un aprendizaje significativo y progresivo hacia la competencia acuática.

En el contexto de enseñar a nadar sin miedo, el uso del castigo no solo es ineficaz, sino que también contraviene los principios fundamentales de un enfoque pedagógico positivo y seguro. A lo largo de este libro, hemos explorado cómo el miedo al medio acuático es una barrera significativa que debe abordarse con empatía, comprensión y técnicas basadas en evidencia científica. El castigo, que activa las respuestas más primitivas del cerebro, solo refuerza el miedo y dificulta el aprendizaje efectivo, alejándonos de nuestro objetivo de crear un ambiente de confianza y seguridad.

Los estudios y métodos presentados demuestran que el camino hacia la superación del miedo al medio acuático reside en un enfoque progresivo, donde el refuerzo positivo y la creación de un entorno de apoyo son esenciales. La verdadera transformación se logra cuando reemplazamos el miedo con confianza y comprensión, permitiendo que los aprendices no solo adquieran habilidades acuáticas, sino que también desarrollen una relación saludable y agradable con el medio acuático.

En definitiva, la práctica acuática puede convertirse en un espacio de bienestar para toda la vida, donde el aprendiz no solo desarrolla habilidades técnicas, sino también una relación positiva con el medio acuático que perdura a lo largo del tiempo. Enseñar a nadar sin miedo es mucho más que un proceso técnico, es un viaje emocional y de autodescubrimiento. Al adoptar un enfoque integral que considere tanto las capacidades físicas como las emocionales del niño, se crea un ambiente en el que se pueden superar los miedos con confianza y seguridad. Este proceso no solo transforma la experiencia en el agua, sino que también proporciona herramientas valiosas para enfrentar otros desafíos en la vida. Los aprendizajes adquiridos al vencer el miedo en el medio acuático se extienden más allá de la piscina, empoderando a las personas con la certeza de que, con el enfoque adecuado, cualquier temor puede ser superado.

BIBLIOGRAFÍA

"El miedo es el camino hacia el lado oscuro"
Yoda

Abu Tame, B. A. (2016). The impact of learning some basic swimming skills on fear level degree among physical education students. *The Swedish Journal of Scientific Research, 3*(3), 69-73.

Albarracín, A., y Moreno-Murcia, J. A. (2018). Código de buenas prácticas en las instalaciones acuáticas. *RIAA. Revista de Investigación en Actividades Acuáticas, 2*(4), 70-76. https://doi.org/10.21134/riaa.v2i4.1540

Alcázar, A. I. R., Carrillo, F. J. M., y Amorós, M. O. (2005). Eficacia diferencial de los tratamientos psicológicos en la fobia a los animales: un estudio meta-analítico. *Psicothema, 17*(2), 219-226.

Berukoff, K. D. y Hill, G. M. (2010). A Study of Factors That Influence the Swimming Performance of Hispanic High School Students. *International Journal of Aquatic Research and Education, 4*(4), Article 7. https://doi.org/10.25035/ijare.04.04.07

Bovi, F. (2004). Educar a través del deporte: actividad lúdica como planteamiento educativo. *Lecturas: Educación física y deportes, 77,* 34.

Catteau, R. y Garoff, G. (1974). *L´enseignement de la Natacion.* Vigot.

Chan, P. E., Crosland, K. A. y Fogel, V. A. (2016). Reducing phobic behavior near water and increasing water approach skills. *Behavioral Interventions, 31,*163-179. https://doi.org/10.1002/bin.1443

Chang, P. (2014). *Some nverve: Lessons learned while becoming brave.* Riverhead books.

Deci, E. L., y Ryan, R. M. (2000). The "what" and "why" of goal pursuits: Human needs and the self-determination of behavior. *Psychological Inquiry, 11*(4), 227-268. http://dx.doi.org/10.1207/s15327965pli1104_01

Del Agua, A. M. P. (1994). La importancia de los tratamientos en la reducción de los miedos y las fobias infantiles. *Revista de Psicología General y Aplicada, 47*(3), 321-323.

DSM-5-TR (2023). *Manual diagnóstico y estadístico de los trastornos mentales*, 5a Ed. Editorial Médica Panamericana.

Fonseca-Pinto, R., Ortiz, A., y Moreno-Murcia, J. A. (2024). *Bases para una educación acuática respetuosa en la infancia*. Sb Editorial. https://doi.org/10.5281/zenodo.13906007

Graham, J. y Gaffan, E. A. (1996). Fear of water in children and adults: Etiology and familial effects. *Behaviour Research and Therapy, 35*(2), 91-108. https://doi.org/10.1016/S0005-7967(96)00086-1

Grande, M. D. P. (2000). El miedo y sus trastornos en la infancia: prevención e intervención educativa. *Aula: Revista de Pedagogía de la Universidad de Salamanca, 12*, 123-144.

Huéscar, H., Barrachina, J., y Moreno-Murcia, J. A. (2022). *En búsqueda de la autonomía en educación física*. Octaedro. https://doi.org/10.36006/09124-1

Ibáñez, A. (2023). *Sorprende a tu mente*. Planeta.

Irwin, C. C., Irwin, R. L., Ryan, T. D., y Drayer, J. (2011). The Legacy of Fear: Is Fear Impacting Fatal and Non-Fatal Drowning of African American Children? *Journal of Black Studies, 42*(4), 561-576. https://doi.org/10.1177/0021934710385549

Khatchaturian, R., y Stillwell, B. E. (2022). Swimming Without Fear: Equitable Instruction. *International Journal of Aquatic Research and Education, 13*(4). https://doi.org/10.25035/ijare.13.04.07

Layne, T. E., Irwin, C. C., Pharr, J. R., y Irwin, R. L. (2020). Factors Impacting Swimming Participation and Competence: A Qualitative Report. *International Journal of Aquatic Research and Education, 12*(4), Article 10. https://doi.org/10.25035/ijare.12.04.10

Martin, G., y Pear, J. (2008). *Modificación de conducta: que es y cómo aplicarla*. Pearson.

Menzies, R. G. y Clarke, C. (1993). The etiology of childhood water phobia. *Behaviour Research and Therapy, 31*(5), 499-501. https://doi.org/10.1016/0005-7967(93)90131-d.

Misimi, F., Kajtna, T., and Kapus, J. (2022). The effect of using goggles and snorkel for aquatic skills acquisition in youth learn-to-swim programs. *Perceptual and Motor Skills, 129*(5), 1525-1545. https://doi.org/10.1177/00315125221112258

Misimi, F., Kajtna, T., Misimi, S. and Kapus, J. (2020). Development and Validity of the Fear of Water Assessment Questionnaire. *Frontiers in Psychology, 11*(May), 1-9. https://doi.org/10.3389/fpsyg.2020.00969

Moreno, J. A. (2001). *Juegos acuáticos educativos*. Inde.

Moreno-Murcia, J. A. (2023). Miedo al medio acuático. En R. Fonseca-Pinto, A. Albarracín y J. A. Moreno-Murcia (Eds.), *Actividades acuáticas. Evidencias, reflexiones y propuestas prácticas* (pp. 99-106). Sb Editorial.

Moreno-Murcia, J. A. (2024). *Ensinar a nadar através do jogo*. Sb.

Moreno-Murcia, J. A. y Barrachina, J. (2022). *Motivar en Educación Física. No lo duces, aplica la ciencia*. Inde.

Moreno-Murcia, J. A., Huéscar, E., de Paula, L. and Gómez, N. (2020). Design and Validation of a Scale to Measure Fear of the Aquatic Environment in children. *Motricidade, 16*(4),370-378. https://doi.org/10.6063/motricidade.20242

Moreno-Murcia, J. A., y González, J. M. (2022). La motivación en el Método Acuático Comprensivo. En J. A. Moreno-Murcia, A. Albarracín, & L. De Paula (Eds.), *Aportes pedagógicos acuáticos* (pp. 97-104). Sb editorial.

Moreno-Murcia, J. A., y Juárez, D. (2025*). The fear of the aquatic environment: A systematic review. Current Psychology, 34*, 47-56.

Moreno-Murcia, J. A., y Ruiz, L. M (2019). *Cómo lograr la competencia acuática*. Sb Editorial.

Orgilés, M. (2014). *Tratando... fobia a la oscuridad en la infancia y adolescencia*. Ediciones Pirámide.

Orgilés, M., Rosa, A. I., Santacruz, I., Méndez, X., Olivares, J., y Sánchez-Meca, J. (2002). *Tratamientos psicológicos bien establecidos y de elevada eficacia: terapia de conducta para las fobias específicas*. **Psicología Conductual**, 10(3), 481-502.

Ortiz, A., Fonseca-Pinto, R., y Moreno-Murcia, J. A. (2025). *Educación acuática preventiva*. Sb Editorial.

Ostrowski, A., Stanula, A., Swinarew, A., Skaliy, A., Skalski, D., Wiesner,W., Ambrozy, D., Kaganek, K., Rydzik, Ł., and Ambrozy, T. (2022). Individual Determinants as the Causes of Failure in Learning to Swim with the Example of 10-Year-Old Children. *International Journal of Environmental Research and Public Health, 19*, 56-63. https://doi.org/10.3390/ijerph19095663

Peden, A. E., y Franklin, R. C. (2020). Learning to swim: An exploration of negative prior aquatic experiences among children. *International Journal of Environmental Research and Public Health, 17*(10), 1-16. https://doi.org/10.3390/ijerph17103557

Pelechano, V. (1984). Programas de intervención psicológica en la infancia: Miedos. *Análisis y Modificación de Conducta, 10*(23-24).

Pérez, B. (2010). *El miedo al agua. Un abordaje pedagógico*. Aguas.

Poulton, R., Menzies, R. G., Craske, M. G., Langley, J. D., y Silva, P. A. (1999). Water trauma and swimming experiences up to age 9 and fear of water at age 18: A longitudinal study. *Behaviour Research and Therapy, 37*(1), 39-48. **https://doi.org/10.1016/S0005-7967(98)00103-X**

Roche, L., Cunningham, I., Rolland, C., Fayaubost, R., y Maire, S. (2022). Reducing fear of water and aquaphobia through 360 degree video use? *Frontiers in Education, 7*, 898071. **https://doi.org/10.3389/feduc.2022.898071**

Sandín, B. (1997). *Ansiedad, miedos y fobias en niños y adolescentes*. Dykinson.

Sosa, C. D., Capafons, J. I., Conesa-Peraleja, M. D., Martorell, M. C., Silva, F., y Navarro, A. M. (1993). Inventario de Miedos (IM). En F. Silva y C. Martorell (Eds.), ***EPIJ: Evaluación de la personalidad infantil y juveni****l* (vol III, pp. 99-124). MEPSA.

Stallman, R. K., Moran, K., Quan, L., y Langendorfer, S. (2017). From Swimming Skill to Water Competence: Towards a More Inclusive Drowning Prevention Future. *International Journal of Aquatic Research and Education, 10*(2), Article 3. https://doi.org/10.25035/ijare.10.02.03.

Stillwell, B. E. (2011). The Subjective Experiences of Those Afraid in Water. *International Journal of Aquatic Research and Education, 5*(1), Article 7. https://doi.org/10.25035/ijare.05.01.07

Tasto, D. L. (1987). Desensibilización sistemática, relajación muscular e imaginación visual en el contracondicionamiento de un niño fóbico de cuatro años de edad. En B. A. Ashen y E. G. Poser (pp. 57-68), *Modificación de conducta en la infancia, 2. Trastornos emocionales*. Fontanella.

Weiss, M. R., McCullagh, P., Smith, A. L., y Berlant, A. R. (1998). Observational Learning and the Fearful Child: Influence of Peer Models on Swimming Skill Performance and Psychological Responses. *Research Quarterly for Exercise and Sport, 69*(4), 380-394. **https://doi.org/10.1080/02701367.1998.10607712**

Wolpe, J. (1961). The systematic desensitizacion treatment of neuroses, *Nervous, and Mental Disease, 132*, 189-203.

Zumbrunnen, R., y Fouace, J. (2001). *Como vencer el miedo al agua y aprender a nadar*. Paidotribo.

Enseñar a nadar a través del juego

JUAN ANTONIO
MORENO MURCIA

Tamaño: 23 x 16 cm

Páginas: 220

ISBN: 978-631-6503-70-1

¿Por qué aprender a nadar de manera aburrida y monótona cuando es posible sumergirse en una experiencia lúdica que hará disfrutar y comprender cada momento en el agua? Estamos ante la propuesta de una metodología innovadora (el método acuático comprensivo) que se basa en la idea de que aprender a nadar puede ser tan interesante como jugar en la playa.

En lugar de tareas tediosas, propone juegos y actividades que mantendrán emocionado y motivado a quien aprende.

No es un libro para el perfeccionamiento y entrenamiento de las técnicas de nado, sino para la enseñanza de las técnicas de nado a través del juego en una fase inicial de aprendizaje. Se asume que el perfeccionamiento requiere entrenamiento y sistematización técnica y que se producirá en una fase posterior. Está diseñado para personas que ya tienen adquirida una competencia acuática básica y están dispuestos para el aprendizaje de las técnicas de nado.

No importa si quien lo lleva a cabo es un educador principiante o con experiencia en el agua, encontrará valiosos consejos y técnicas para mejorar las habilidades, además de numerosos ejemplos de juegos para la natación precedidos de una breve argumentación explicativa.